伟 大 的 思 想
GREAT IDEAS

02

身体与酷刑
SURVEILLER ET PUNIR
NAISSANCE DE LA PRISON

〔法〕米歇尔·福柯　著
刘北成　杨远婴　译

商务印书馆
The Commercial Press

SURVEILLER ET PUNIR. NAISSANCE DE LA PRISON
by Michel Foucault
Originally published in French as "Le corps des condamnés" and
"L'éclat des supplices" in *Surveiller et punir. Naissance de la prison*
© Éditions Gallimard, Paris, 1975
Selection copyright © Penguin Books Ltd
Cover artwork © David Pearson
Simplified Chinese edition copyright © 2023 by The Commercial
Press in association with Penguin Random House North Asia.
All rights reserved.
Sale is forbidden outside of the People's Republic of China.

 "企鹅"及相关标识是企鹅兰登已经注册或尚未注册的商标。未经允许，不得擅用。
封底凡无企鹅防伪标识者均属未经授权之非法版本。

涵芬楼文化 出品

译者序

《身体与酷刑》选自20世纪法国著名思想家米歇尔·福柯（Michel Foucault，1926—1984年）的《规训与惩罚》。

福柯在西方思想界享有很高的声誉，被称作"20世纪法兰西的尼采""萨特之后最重要的思想家"。

福柯生于1926年，毕业于巴黎高等师范学院，1960年出版《古典时代疯狂史》（英译节本《疯癫与文明》），一举成名。此后他出版了《临床医学的诞生》《词与物》《知识考古学》《规训与惩罚》以及《性史》（4卷）。福柯曾在大学任教，1970年43岁就被选为法兰西学院思想体系史教授，每年向公众做课程演讲。作为思想史学者，福柯自称对一般的哲学概念没有兴趣,"疯癫、死亡、性、犯罪,是最吸引我的论题"。他发展了自己独特的方法论,称作话语分析、考古学、谱系学。不难想象,他的几乎每一部著作都成为一个文化热点,甚至成为畅销书。他的课程演讲也成为巴黎的一个文化景观。福柯作为学者和社会活动家的声望如日中天。

福柯因艾滋病于1984年病故,年仅58岁。尽管医院隐瞒了福柯的病情,但他的突然离世引起轰动,成为法国媒体的头版新闻。当时的法国教育部部长发表悼文,全文如下:

> 米歇尔·福柯的去世让我们失去了他那一代最伟大的哲学家。他是彻底改变人文科学面貌的结构主义运动的创始人之一。然而,他对我们国家知识生活的重要性或许首先在于他的哲学实践的独创性,以及他所开辟的新的知识领域和历史反思领域:疯癫、刑罚制度、医学以及性。这位哲学家还是一位孜孜不倦的自由捍卫者,他多次公开表达对约束和压制的抗议。凡是想理解20世纪后期的现代性特征的人,都需要把福柯作为一个参考。

这段评价至今没有过时。可以补充的是，福柯曾经被称作"结构主义冒险四巨头之一"，但他也是后结构主义或后现代主义的主要代表人物。福柯既是新潮的风云人物，又总是保持独立和疏离的姿态，不断地超越流行思潮。这些大潮退去，福柯的思想价值反而愈显珍贵。

福柯一生处于求索之中，他的每部著作都体现了他当时的思考，我们甚至很难说哪一部著作是他的"代表作"。不过，1975年出版的《规训与惩罚》是福柯自己颇为得意的作品。他称之为"我的领衔之作"。

《规训与惩罚》的法文原名是《监视与惩罚》（*Surveiller et punir*）。福柯建议将英译本书名改为 *Discipline and Punish*。discipline 在法文和英文里具有纪律、训诫、学科、训练、教育等释义。福柯利用这个词的多义性，特指以规范化为核心的现代权力技术。基于这个理解，我们把 discipline 译为"规训"。

《规训与惩罚》的理论出发点是"微观权力物理学"。简单地说，人们处于权力关系之中。权力关系是由权力、知识和身体三者构成的。每个时代，权力与知识结合，形成一种施加于人身体的权力技术。这种权力技术最突出地体现在刑罚中。

《规训与惩罚》论述了从中世纪后期到19世纪三种刑罚模式或三种权力技术的替嬗。按照法国思想家德勒兹的说法，这部著作是一部"惩罚的《神曲》"。

惩罚的"地狱"是作为王权武器的酷刑，它的对象是受折磨的身体。《规训与惩罚》一开始详尽描述的"处决达米安"令人极其恐怖，也能使中国读者联想到中国历史上凌迟之类的刑罚。人们庆幸告别了这种野蛮时代，但是，福柯认为，古代的酷刑并非"野蛮"，而是基于当时惩罚经济学的一种合法而严格的艺术。在那个时代，审讯和惩罚都是通过酷刑来揭示"真相"和呈现"真相"。如果我们不把酷刑当作那个时代"惩罚理性"的一个缩影，如果我们简单地哀叹曾经的"野蛮"，我们就不能理解为什么这种公开处决不论在西方还是在中国都长期成为一种被围看的景观。围观者并非"麻木不仁"。福柯认为，这种王权的权力仪式把民众变成公开凶杀的共谋，鼓励和容忍民众对罪犯的攻击，同时也就为感同身受的民众的反抗提供了一个契机和舞台。

惩罚的"炼狱"是法国大革命时期的司法改

革。那些改革者主张减轻惩罚的严酷性，但要使惩罚深入人心。各种改革方案呈现出一个阴森的惩罚之城。想象一下，在城市中心的上空悬挂着一个铁笼，关着一个十恶不赦的罪犯；公共场所一群群戴镣罪犯从事着公益劳动；星期日家长带着孩子到监狱参观……惩罚成为一个普法的学校，使人不敢犯罪。不过，这种以改造人的灵魂为目标的改革，只是昙花一现的梦想。

惩罚的"天堂"是现代监狱。进入19世纪，在死刑和罚款这两极之间的主要的刑罚是有期徒刑，而监狱这个"秩序与肃静"的惩罚"天堂"其实是规训技术的集中体现。在福柯看来，人们所谓的文明进步，其实源起于许多琐屑的发明。正是规训技术这种为正史不屑一顾的发明成为现代社会的基石。规训的特点是监视和操控每一个人的身体。这种权力技术从修道院扩散到学校、医院、军队和工厂，几乎涵盖了整个社会。在许诺了法治和自由的现代西方社会，规训恰恰是微观层面的"底层法律"和"反法律"，构成了毛细血管般的权力关系网络，规范着人身，塑造着个体。福柯甚至称现代西方社会是"规训社会"。

《规训与惩罚》表面上是对刑罚历史演变的分析,其实是对现代权力-知识机制下西方人处境的哲学思考。但是福柯的思考并非与我们遥不相及,这也可能是福柯在中国读书界长期引起共鸣的原因。

《身体与酷刑》是《规训与惩罚》的第一部分。上面的简介或许有点"剧透",不过,阅读原著会更加令人震撼,引人深思。或许,这是我们阅读福柯的一个起点。

刘北成　杨远婴

目 录

第一章　犯人的身体　　　　　　　　　　　1
第二章　断头台的场面　　　　　　　　　　41

第一章　犯人的身体

1757年3月2日，达米安因谋刺国王而被判处"在巴黎教堂大门前公开认罪"，他应"乘坐囚车，身穿囚衣，手持两磅重的蜡烛"，"被送到格列夫广场。那里将搭起行刑台，用烧红的铁钳撕开他的胸膛和四肢上的肉，用硫黄烧焦他持着弑君凶器的右手，再将熔化的铅汁、沸滚的松香、蜡和硫黄浇入撕裂的伤口，然后四马分肢，最后焚尸扬灰"。

1757年4月1日的《阿姆斯特丹报》描述道："最后，他被肢解为四部分。这最后一道程序费了很长时间，因为役马不习惯硬拽，于是改用六匹马来代替四匹马。但仍然不成功，于是鞭打役马，以便拉断他的大腿、撕裂筋肉、扯断关节……

"据说，尽管他一贯满嘴秽言，却咬紧牙关，始终没有亵渎神明。过度的痛苦使他鬼哭狼嚎般地喊叫。他反复呼喊：'上帝，可怜我吧！耶稣，救救我吧！'圣保罗教区神父年事已高，但竭尽全力地安慰这个受刑者，教诲在场的所有观众。"

现场监视官员布东留下了这样的记载："硫黄点燃了，但火焰微弱，只是轻微地烧伤了手的表皮。刽子手便卷起袖子，拿起专为这次酷刑特制的约1英尺半长的铁钳，先后在右边的小腿和大腿上撕开两处，然后在右臂上撕开两块肉，接着在胸部撕拉。刽子手是一个彪形大汉，但要撕扯下肉块也不容易，因此他在每一处都要撕扯两三次，而且要拧动铁钳。他在每一处撕开大约六磅肉的伤口。

"被铁钳撕扯时，达米安虽然没有咒骂，但却声嘶力竭地嚎叫。他不断地抬起头来，然后看看自己的身体。那个刽子手用一个钢勺从一个锅里舀出滚沸的液体，胡乱地浇注每一个伤口。然后，人们把挽马用的绳索系在犯人身上，再给马套上挽绳，把马分别安排在四肢的方向。

"法庭书记员勒布列东先生几次走近受刑者，问他有什么话要说。他每次都表示无话可说。每受一下刑,他都嚎叫:'宽恕我吧,上帝!宽恕我吧,老天爷!'声音仿佛出自地狱。尽管疼痛无比,他仍不时地昂起头,勇敢地看着自己的身体。几个人紧紧地拉住捆他的绳子,使他痛苦万分。勒布列东再次走近他,问他有什么话要讲。他回答说:'没有。'几名忏悔神父分别走近他,对他说了一阵子。他主动吻了伸向他的十字架,张开嘴反复说:'宽恕我吧,上帝。'四匹马分别由四名刑吏牵引着,向四个方向拖拽四肢。一刻钟后,又重新开始拖拽。最后,经过几次尝试,不得不对马拉的方向做些改变,拉手臂的马向头的方向拉,拉腿的马向手臂的方向拉,这才扯断了臂关节。这样拉了几次,仍未成功。犯人抬起头来,看着自己的身体。刑吏又增加了两匹马,与拉腿的马套在一起,但还是没有成功。

"最后,刽子手桑松对勒布列东说,毫无成功的希望,因此请他问问尊贵的老爷们是否愿意让他把犯人砍成几段。勒布列东从市中心回来,下令再试一次。结果是,役马顶不住了。其中一匹拉腿的马倒在地上。神父们又走过来,与犯人说话。我亲耳听见他对他们说:'吻我一下,先生们!'圣保罗教区神父畏葸不前,于是德·马西里先生匆匆地从拉着右臂的绳子下钻过去，吻了他的前额。刽子手们围了过来。达米安对他们说，不要咒骂，快执行他们的任务，他不恨他们，他请他们为他向上帝祈祷，请圣保罗教区神父在做第一次弥撒时为他祈祷。

"接连试了两三次后，刽子手桑松和先前使用铁钳的刽子手各自从衣兜里掏出一把匕首，不是去切断大腿关节，而是直接在大腿根部切割身体。四匹马一用劲，拖断了两条大腿，即先拖走了右腿，后拖走了左腿。然后对手臂、肩膀等如法炮制。刽子手切肉时几乎剔到骨头。马先拖断右臂，然后拖断左臂。

"四肢被拖断后，神父们走过来要对他说话。刽子手告诉他们，他已经死了。但我却看到这个人还在动，他的下颚左右移动，似乎在说话。有一个刽子手甚至说，稍后当他们把躯体扔到火刑台时他还活着。四肢上的绳子也解了下来，四肢被扔到火刑台上。用长长短短的木柴覆盖住躯体和残肢，然后点燃了混杂在木头中的柴草。

"……遵照敕令，一切都被化为灰烬。到晚上10点半，在余火中发现了最后一片需要烧毁的东西。焚烧肉片和躯干大约用了四个小时。官员们（包括我和我的儿子)和一队弓箭手在广场上一直待到将近11点钟。

"有些人证实,第二天有一条狗曾躺在被火烧过的草地上,几次被人赶走,但总是转回来。这不难理解,因为这个小动物发现这个地方比其他地方温暖。"

八十年后,列昂·福歇制定了一份"巴黎少年犯监管所"规章[1]。其中规定:

"第17条:犯人作息日冬天从早上6点开始,夏天从早上5点开始。每天劳动9小时,学习2小时。作息日冬天晚上9点结束,夏天晚上8点结束。

"第18条:起床。第一次击鼓时,看守打开囚室门,犯人必须起床穿衣,并保持肃静。第二次击鼓时,他们必须穿好衣服,整理好床铺。第三次击鼓时,他们必须整队出发,到小教堂做晨祷。每次击鼓间隔5分钟。

"第19条:祈祷由牧师主持,诵读道德或宗教经

---

[1] 列昂·福歇(Leon Faucher,1803—1854年),法国学者、政治活动家。该规章见:Fancher, L., *De ba réforme des prisons*, 1838。——译者
[本书注释均为译者注,后不另注]

文。整个过程不超过半小时。

"第20条：劳动。夏天5点3刻，冬天6点3刻，犯人到院子里洗脸洗手，领取第一份面包。随后，他们编成劳动小组开始工作。劳动时间夏天必须从6点开始，冬天必须从7点开始。

"第21条：进餐。犯人在10点钟暂停工作，到食堂就餐。他们必须先在各自院子里洗手，然后分组进餐。午餐后休息到10点40分。

"第22条：学习。10点40分，随着击鼓声，犯人列队分组到教室。上课时间为2小时，交替学习读写、绘画和算术。

"第23条：12点40分，犯人以组为单位离开教室，回到各自院内休息。12点55分，随着击鼓声，犯人按劳动小组集合。

"第24条：1点，犯人必须回到工作车间，工作到4点。

"第25条：4点，犯人离开车间到院子里洗手，然后按就餐小组集合。

"第26条：5点以前是晚餐和休息时间，5点整返回车间。

"第27条：夏天7点，冬天8点，劳动结束。在车间里最后一次发放面包。由一名犯人或一名看守用一刻钟时间诵读一段道德教诲。然后做晚祷。

"第28条：夏天7点半，冬天8点半，犯人必须回到各自囚室，事先须在院子里洗手和检查衣物。第一次击鼓时，他们必须脱去衣服，第二次击鼓时，必须上床就寝。看守锁好牢门，在走廊巡视，确保秩序和肃静。"

我们已经看到了一次公开处决和一份作息时间表。它们惩罚的不是同一种罪行或同一种犯人。但是它们各自定义了一种惩罚方式。其间相隔不到一个世纪。但这是一个时代。正是在这段时间里，无论在欧洲还是在美国，整个惩罚体制都在重新配置。这是传统司法"丑闻"迭出、名声扫地的时代，也是改革方案纷至沓来、层出不穷的时代。当时出现了一种新的有关法律和犯罪的理论，一种新的关于惩罚权利的道德和政治论证；旧的法律被废弃，旧的惯例逐渐消亡。各国各地纷纷酝酿或制定"现代"法典：俄国在1769年，普鲁士在1780年，宾夕法尼亚和托斯坎尼在1786年，奥地利在1788年，法国在1791年、共和4年、1808年和1810年。这是刑事司法的一个新时代。

在众多变化中,我将考虑的是这样一种变化:作为一种公共景观的酷刑消失了。今天我们可能对此不以为然。但在当时,或许这曾引发了无数慷慨激昂的华丽文字,或许这曾被人兴奋地大肆渲染为"人道化"的进程,从而无须更深入地分析。再者说,与重大的制度改造、明确统一的法典和司法程序的制定相比,与普遍采用陪审团制度、确定刑罚的性质以改造教养为主,以及自19世纪起愈益明显的因人量刑的趋势相比,这种变化又算得了什么?不那么直接的肉体惩罚,在制造肉体痛苦的技术方面的慎重,不再被展示的更微妙、更憋闷的折磨,这些不应被视为更深刻变化的一个具体例子、一种附带的结果吗?但是,毕竟存在着这样一个事实:即在几十年间,对身体的酷刑和肢解、在面部和臂部打上象征性烙印、示众和暴尸等现象消失了,将身体作为刑罚主要对象的现象消失了。

到18世纪末和19世纪初,阴森的惩罚盛会虽然在各地还时而零星地出现,但毕竟在逐渐消逝了。在这种转变中有两个进程。它们不是同步的,而且原因各异。第一个进程是惩罚景观的消失。惩罚的仪式因素逐渐式微，只是作为新的法律实践或行政实践而残存下来。公开认罪在法国于1791年首次废除，后来虽曾有过短暂的恢复，但在1830年被再次废除。示众柱刑在法国于1789年废除，在英国于1837年废除。在奥地利、瑞士以及美国的一些州，如宾夕法尼亚，曾使用囚犯从事公益劳动，如清扫城市街道、修整公路。这些身穿囚衣、剃了光头的犯人"被带到公众面前。对这些懒汉和恶棍的嘲弄，常常激怒他们。他们很自然地会对挑衅者进行疯狂的报复。为了防止他们以牙还牙，给他们戴上铁颈圈和脚镣，上面还绑着炸弹。他们拖着铁链，从事丢人现眼的杂役。警卫身挎刀剑、短枪和其他武器进行监督"。到18世纪末或19世纪初，各地实际上废除了这种做法。在法国，公开展示犯人的做法延续到1831年，并受到激烈的批评。雷阿尔指责说，这是一种"令人作呕的场面"。这种做法最终在1848年4月被废除。以往用铁链拴成的囚犯队伍跋涉整个法国，远至布雷斯特和土伦。到1837年，取而代之的是不显眼的黑色囚车。惩罚逐渐不再是一种公开表演。而且，依然存留的每一种戏剧因素都逐渐减弱了，仿佛刑罚仪式的各种功能都逐渐不被人理解了，仿佛这种"结束罪恶"的仪式被人们视为某种不受欢迎的方式，被人们怀疑是与罪恶相连的方式。在人们看来，这种惩罚方式，其野蛮程度不亚于，甚至超过犯罪本身，它使观众习惯于本来想让他们厌恶的暴行。它经常地向他们展示犯罪，使刽子手变得像罪犯，使法官变得像谋杀犯，从而在最后一刻调换了各种角色，使受刑的罪犯变成怜悯或赞颂的对象。早在1764年，贝卡里亚[1]就指出："杀人被说成一种可怕的滔天大罪，却被人们不动声色地、若无其事地重演着。"公开处决此时已被视为一个再次煽起暴力火焰的壁炉。

因此，惩罚将愈益成为刑事程序中最隐蔽的部分。这样便产生了几个后果：它脱离了人们日常感受的领域，进入抽象意识的领域；它的效力被视为源于它的必然性，而不是源于可见的强烈程度；受惩罚的确定性，而不是公开惩罚的可怕戏剧，应该能够阻止犯罪；惩罚的示范力学改变了惩罚机制。结果之一是，司法不再因与其实践相连的暴力而承担社会责任。如果它过于强硬，开了杀戒，这也不

---

1. 贝卡里亚（Beccaria，1738—1794年），意大利著名法学家。

是对本身力量的赞颂,而只是它的一个因素,是应该予以容忍的,也是很难说清的。恶名被重新分摊。在惩罚景观中,从断头台上弥散出一种混合的恐怖,把刽子手和罪犯都笼罩起来;这种恐怖总是要把受刑者所蒙受的耻辱转换成怜悯或光荣,而且还常常把刽子手的合法暴力变成耻辱。现在,耻辱和目光的分布与以前不同了。定罪本身就给犯罪者打上了明确的否定记号。公众注意力转向审讯和判决。执行判决就像是司法羞于加予被判刑者的一个补充的羞辱。因此,司法与执行判决保持着距离,将这种行动委托他人秘密完成。被惩罚是很丢人的,而实施惩罚也不光彩。这样,司法就在自身和它所施加的惩罚之间建立了一个双重保护体系。执行刑罚的人往往成为一个独立部门;由于官僚机构对刑罚过程的掩盖,司法就逃脱了有关责任。法国的情况十分典型。长期以来,监狱管理应该是内务部的责任,苦役犯监狱、苦囚船和罪犯殖民地的劳役管理则是海军部和殖民地部的责任。除了这种角色分配,还有一种理论上的遁词:不要以为我们法官有意惩罚才做出判决,这些判决的目的是使人改邪归正、"治病救人";在刑罚中,有一种劝恶从善的技术压倒了纯粹的赎罪，同时也使执行有损身份的惩罚任务的官员得到宽慰。在现代司法和执行司法者中有一种羞于惩罚的气氛。当然这并不排除偶尔有激烈的情绪。这种羞愧感在不断增强。由于这种心理创伤，心理学家和辅助道德矫正的公务员的数量急剧增多。

因此，公开处决的消失就不仅标志着这种景观的衰落，而且标志着对身体掌控的放松。1787年，本杰明·拉什[1]在"促进政治研究会"上说："我仅仅希望，在不远的将来，绞刑架、示众柱、断头台、鞭笞和裂尸刑轮这些刑罚史上的东西都被视为野蛮时代和野蛮国家的标记，理性和宗教对人们心灵影响微弱的证据。"果然，六十年后，范米南[2]在布鲁塞尔宣布第二届教养大会开幕时，回忆起他的童年时代就好像在描述一个遥远的过去："我曾目睹过裂尸刑轮、绞刑柱、绞刑架、示众柱比比皆是的大地；我曾目睹过被刑轮车裂的可怕残骸。"英国于1834年、法国于1832年废除了打烙印的做法。1820年，英国就不再对叛国者使用全部的惩罚手段（西斯尔

---

1. 本杰明·拉什（Benjamin Rush，1746—1813年），美国医生、政治活动家。
2. 范米南（Van Meenen，1772—1858年），比利时学者、政治活动家。

伍德就没有被四马分尸)。只有鞭刑在一些刑罚体系中依然保存着（俄国、英国和普鲁士）。但是，一般而言，惩罚越来越有节制。人们不再（或基本上不再）直接触碰身体，而是触碰身体以外的东西。有人会对此提出异议，认为监禁、禁闭、强制劳动、苦役、限制活动区域、放逐等在现代刑罚体系中占有十分重要的位置，而这些都是"体罚"。与罚款不同，它们直接影响人身。然而，惩罚与人的身体的关系毕竟与公开处决时代的酷刑中的情况不一样了。现在，人的身体是一个工具或媒介。如果人们干预它，监禁它或强使它劳动，那是为了剥夺这个人的自由，因为这种自由被视为他的权利和财产。根据这种刑罚，人的身体是被控制在一个强制、剥夺、义务和限制的体系中。肉体痛苦不再是刑罚的一个构成因素。惩罚从一种制造无法忍受的感觉的技术转变为一种暂时剥夺权利的经济机制。如果说触及和操纵罪犯的肉体对于法律来说依然是必要的，那这就要保持一定的距离，采用恰当的方式，遵循严格的规定，而且还要有更"高尚"的目的。由于有了这种新的限制，刽子手这种痛苦的直接制造者被一个技术人员大军所取代。他们包括监狱看守、医生、牧师、精神病专家、心理学家、教育学家等。他们接近犯人，高唱法律所需要的赞歌。他们反复断言，身体和痛苦不是法律惩罚行动的最终目标。今天，医生会照顾死刑犯，直至最后一刻。他们作为慈善事业的代表和痛苦的安慰者与那些执行死刑的人共同工作。这是很值得玩味的。在即将行刑之际，犯人被注射镇静剂。这是一个司法保持克制的乌托邦：夺走犯人的生命，但不让他有所感觉；剥夺囚犯的全部权利，但不造成痛苦；施加刑罚，但没有任何肉体痛苦。诉诸心理-药理学和各种心理"阻断物"——哪怕是暂时的——是这种"非肉体"刑罚的一个合乎逻辑的结果。

现代处决仪式证实了这一双重进程：酷刑景观的消失和痛苦的消除。这种趋势影响了欧洲各种法律体系，虽然影响的速度不一样。死刑对所有的人都一样了，不再区分所犯的罪行和犯罪者的社会身份；死刑在瞬间完成，预先不再附加任何酷刑，事后也不再对尸体采取更多的处置；处决只伤害生命而非肉体。不再使用那种长时间的程序——用精心计算的间歇和连续的伤残来拖延死亡和加剧死亡的痛苦。死不再使用那种处死弑君者的综合酷刑或

18世纪初《绞刑不足以惩罚》(1707年)的匿名作者所鼓吹的那种酷刑,即先用轮刑将犯人肢解,再鞭打使其昏厥,再用铁链将其吊起来,最后使其慢慢地饿死。也不再使用下述死刑,即或者把犯人放在枝条编的席子上(防止他的头部被路石撞碎),沿街拖拉,或者割破他的肚皮,使内脏翻露出来,让他亲眼看着这些内脏被扔到火上,最后砍头和分尸。把这"千百种死刑"简化为一种严格意义上的死刑,这就确定了一种关于惩罚行为的全新道德。

早在1760年,英国就试制了一种绞刑机(为处死费勒爵士而研制的)。它使用了一个支撑台。这个支撑台可以在犯人脚下张开。这就避免了死亡的拖延,还避免了犯人与刽子手之间的冲突。这个绞刑机经过改进,最终在1783年正式采用。同年还废除了从伦敦纽盖特监狱到泰布伦刑场的传统游街仪式。同年,在戈登暴动之后,利用重建监狱的机会,在纽盖特监狱设立了绞刑架。法国1791年法典著名的第3条规定:"凡被判处死刑者均处以断头。"这包含着三重意义。首先,对一切人使用同一种死刑。(用1789年12月1日通过的吉洛丹的提案中的说法:"无论犯罪者具有何种身份和地位,相同罪行将受到相同惩罚。")其次,一下完成对每一个犯人的死刑,不再使用"拖延时间从而十分残酷的"处决方式,诸如勒佩尔蒂埃所指责的绞刑架。第三,惩罚只是针对犯人个人,因为斩首原来是用于贵族的死刑,对于犯人家庭来说是耻辱最小的。1792年3月首次使用的断头机最完善地体现了这些原则。死刑被简化为明显可见但瞬间便完成的事情了。法律、执法者与犯人身体的接触也只有一瞬间了,再也没有体力较量了。刽子手只需如同一个细心的钟表工人那样工作就行了。"经验和理智表明,过去使用的砍掉犯人头颅的方法使犯人面临比丧失生命更可怕的酷刑,而这正是当时法律的明确意图;因此,处决应该在一瞬间、用一次打击来完成。但实例表明很难做到这一点。为了达到完善的方法,必须依赖固定的机械手段——因为其力量和效果是能够确定的。……制造这种准确无误的机械是十分容易的事情;根据新法律的意图,斩首将在瞬间完成。如果这种机器看来是十分必要的,它就不会引起任何轰动,甚至不会引人注意。"正如监狱剥夺人的自由,也正如罚款减少人的财富,断头机也是在几乎不触及人的肉体的情况下夺走人的生命。其目的就是对一个拥有各种权利,包括生存权的司法对象行使法律,而不是对一个有疼痛感觉的肉体行使法律。它必须具有法律本身的抽象性。

无疑,在法国,旧式公开处决的某些因素一度附着在新的有节制的方法上。犯忤逆罪者,包括弑君者,被送上断头台时要身着黑纱,直到1832年,还要先被砍掉一只手。此后,装饰的黑纱依然长期保留着。1836年11月对暗杀路易-菲利普[1]的未遂犯菲埃希的判决便是一例:"他被带到刑场时应身穿衬衫,赤脚,头上罩着黑纱。当官员向民众宣读判决书时,他将被展示在断头台上,然后立即处决。"我们会由此想到米安,并且注意到死刑的最后一点附加物:表示哀丧的黑纱。人们再也看不到犯人的面孔。只是在断头台上宣读的判决书公布了罪行,而罪犯则不露面。(罪犯越罪大恶极,越不准亮相:既不准他看见外界,也不让外界看到他。这是当时的流行观念。人们应该给叛逆者"制造一个铁笼或挖一个不透光线的地牢,使他永远地消遁"。)

---

1. 路易-菲利普(Louis-Philippe,1773—1850年),法国七月王朝(1830—1848年)的国王。

公开处决的最后这点遗迹是对这种行刑方式的废止判决：用一块布来遮蔽身体。三重罪犯（弑母、同性恋和谋杀）伯努瓦是第一个不再被砍掉手的逆犯："在宣读判决书时，他站在由刽子手们支撑的断头台上。这是一个恐怖的场面；他被一块白色的尸衣包住，头上罩着黑纱。这个叛逆躲开了沉默人群的目光。生命藏匿在这些神秘不祥的衣物下，仅在凄惨的喊叫声中表明自己的存在，旋即在刀下了结。"

19世纪初，肉体惩罚的宏大景观消失了，对身体的酷刑也停止使用了，惩罚不再有戏剧性的痛苦表现。惩罚的节制时代开始了。可以说，到1830—1840年间，酷刑几乎销声匿迹。当然，对于这种概括性的结论需要做一些限定。首先，这些变化不是一下子发生的，也不是某一种发展进程的结果，也有滞延现象。奇怪的是，英国是公开处决消失得最迟缓的国家之一。其原因也许是，陪审团制度、公开审讯制度和对人身保护法的尊重使其刑法具有一种楷模形象。毫无疑问，最重要的原因是，英国在1780—1820年的大骚乱时期不愿削弱其刑法的严峻性。在相当长的一段时间里，罗米利、麦金托什和巴克斯顿都曾试图减轻英国法律所规定的繁杂而严厉的刑罚，但未成功。罗西把英国法律描绘成"狰狞的屠宰"。（实际上，陪审团也往往认为规定的刑罚太苛酷，因此在量刑时尽量从宽。）而刑罚的严厉程度还在不断地增强。1760年，布莱克斯通曾列举出英国法律所规定的160种死罪。到1819年，死罪增加到223种。其次，我们还应考虑1760—1840年间的各种反复。在奥地利、俄国、美国以及制宪议会时期的法国都曾进行急剧的改革，然后在欧洲反革命时期以及1820—1848年的社会大恐慌时期则出现倒退；紧急状态时期的法庭和法律也造成暂时的变化；在法律和法庭的实践之间也有差距（法庭的实践绝不会如实地反映立法状况）。所有这些因素都使19世纪初的转变显得参差不齐。

应当补充说明的是，虽然到1840年多数变革已经实现，惩罚机制也相应地采用了新的运作方式，但是这一过程远未完成。减少酷刑的潮流是以1760—1840年的大转变为背景的，但并未在这一时期终结。可以说，公开处决的习俗长期以来纠缠着我们的刑罚体系，直到今天依然如此。在法国，断头机这种迅速完成死刑的机器体现了一种关于合法死刑的新伦理。但是，大革命随即赋予它一种大型戏剧仪式。在许多年里，它提供了一种景观。因此，不得不将它移到圣雅克要塞；用封闭的马车取代敞开的囚车，把犯人从车厢直接推上断头台；在人们没有料到的时间里迅速完成处决。最后（在1939年处决魏德曼之后），为了防止公众接近，断头机不得不设在监狱里，并且封锁通往监狱的街道，秘密执行死刑（如1972年在桑戴处决布菲和邦当）。描述现场情况的目击者甚至会被追究，以此来保证处决不再成为一种景观，而只是法律与其制裁对象之间的一种奇怪的秘密。我们必须指出，那么多的防范措施表明，时至今日死刑依然是一种景观，因而必须切实地加以禁止。

同样，在19世纪中期，对身体的摆布也尚未完全消失。无疑，惩罚的重心不再是作为制造痛苦的技术的酷刑，其主要目标是剥夺财富或权利。但是，诸如强制劳动甚至监禁——单纯剥夺自由——这类惩罚从来都有某种涉及身体的附加惩罚因素：限量供食，性生活被剥夺，体罚，单人囚禁。这些难道不正是监禁的客观必然结果吗？事实上，即便是最单纯的监禁也总会造成一定程度的身体痛苦。一种针对19世纪初教养制度的批评认为，监禁作为惩罚是不够的,因为囚犯与许多穷人甚至工人相比,既不那么挨饿受冻,被剥夺的也更少。这种批评提出了一种从未遭到否定的要求:犯人应该比其他人受更多的身体痛苦。把惩罚与附加的身体痛苦分开是难以做到的。怎么可能有一种非身体的惩罚呢?

因此,在现代刑事司法体系中存留着"酷刑"的痕迹。这种痕迹从未完全抹掉,而是逐渐被非身体刑罚体系包裹起来。

在过去两百年间,刑罚的严峻性不断减弱,这是法律史学家所谙熟的现象。但是在很长一段时间里,人们笼统地视之为一种数量现象:更少的残忍,更少的痛苦,更多的仁爱,更多的尊重,更多的"人道"。实际上,与这些变化伴随的是惩罚运作对象的置换。那么,惩罚强度是否减轻了呢?结果或许如此。但是,可以肯定地说,惩罚对象发生了变化。

如果说最严厉的刑罚不再施加于身体,那么它施加到什么上了呢?理论家们在1760年前后开创了一个迄今尚未结束的时代。他们的回答简单明了。答案似乎就包含在问题之中:既然对象不再是身体,那就必然是灵魂。曾经降临在身体的死亡应该被代之以深入灵魂、思想、意志和欲求的惩罚。马布利[1]明确彻底地总结了这个原则："如果由我来施加惩罚的话，惩罚应该打击灵魂而非身体。"

这是一个重要的历史时刻。惩罚景观的旧伙伴——身体和鲜血——隐退了。一个新角色戴着面具登上舞台。一种悲剧结束了，一种喜剧开演了。这是一种影子表演，只有声音，没有面孔，各种实体都是无形的。因此，惩罚司法的机制必须刺透这种无形的现实。

这只是一种理论论断吗？刑罚实践不是与之矛盾吗？不要匆忙地做出这种结论。诚然，今天，惩罚不仅是改造灵魂。但是马布利的原则不仅是一种虔诚的愿望。在现代刑罚实践中处处可以感受到它的影响。

首先是对象改变了。这并不是说人们开始突然惩罚另外的罪行了。毫无疑问，犯罪的定义、罪行的等级、赦免的限度、实际所容忍的和法律所许可的界限，所有这些在过去两百年间都发生了相当大

---

1. 马布利（Mably, 1709—1785年），法国思想家。

的变化。许多与某种宗教权威的行使或某种经济活动相关的罪行已不再成为罪行了。亵渎神明不再是一种罪过，走私和偷窃也不再是重罪。但是这些变化或许并不是最重要的，因为准许和禁止之间的划分从一个世纪到另一个世纪会保持一定的稳定性。但在另一方面，"犯罪"这个刑罚实践的对象则发生了深刻的变化：这里说的是犯罪的性质以及某种意义上可惩罚因素的内容，而不是形式上的定义。在法律相对稳定的表层下，发生了大量微妙而急剧的变化。诚然，判决所确定的"犯罪"或"犯法"都是法典所规定的司法对象，但是判决也针对人的情欲、本能、变态、疾病、失控、环境或遗传的后果。侵犯行为受到惩罚，但侵略性格也同时因此受到惩罚。强奸行为受到惩罚，性心理变态也同时受到惩罚。凶杀与冲动和欲望一起受到惩罚。有人会反驳说，判决实际上不是针对它们的；如果提到这些因素，也是为了说明相关的行为，为了确定受审者的意志在多大程度上与犯罪有关联。这不是令人满意的回答。因为受审判和受惩罚的正是这些潜藏在案件背后的幽灵。它们是被当作"减轻罪行的间接因素"而间接受到审判，使判决结论不仅引入"间接因素"证据，而且加进并非司法规定的完全不同的东西，如罪犯的自我认识，人们对罪犯的评估，人们对罪犯本人、他的过去与其罪行之间的关系的认识，对罪犯未来情况的估计等。它们还因为19世纪以来在医学和司法之间流行的种种观念而受到审判（如乔治时代的"怪物"，肖米埃[1]所谓的"心理反常"，当代专家所谓的"变态""失控"等等）。这些观念名义上是解释人们的行为，实际上成为给每个人下定义的工具。它们还受到一种惩罚机制的惩罚——这种惩罚机制旨在使犯法者变得"不仅乐意而且能够在法律范围内生活，并能够满足自己的需求"。它们还受到一种刑罚的内部机制的惩罚——这种刑罚在惩罚犯罪的同时可以根据囚犯行为的变化而变化（一般是缩短刑期，有时也延长刑期）。它们还受到伴随刑罚的"安全措施"的惩罚（如限制活动地区、缓刑、强制性医疗措施等）。这些措施的目的不是惩罚犯法行为，而是监督这个人，消除其危险心态或改造其犯罪倾向，甚至在罪犯转变以后，仍然维持这些措施。在审讯中，涉及罪犯的灵

---

1. 肖米埃（Chaumié，1849—1919年），法国政界人物。

魂，不仅是为了解释他的罪行和在司法上分辨责任。人们把灵魂提交给法庭，加以渲染，影响人们对案情的理解，并被"科学地"运用，这正是由于它也和罪行本身一样要受到审判并分担惩罚。在整个刑事程序中，从预审、判决到刑罚的最终后果，有一个被各种对象渗透了的领域。这些对象不仅复制了而且分裂了司法规定的对象。精神病学，尤其是犯罪人类学以及犯罪学的重复话语，在此发挥了它们的一项重要功能：通过庄重地把犯罪纳入科学知识的对象领域，它们就给合法惩罚机制提供了一种正当控制权力：不仅控制犯罪，而且控制个人；不仅控制他们的行为，而且控制他们现在的、将来的、可能的状况。被法律体系所控制的犯法者的灵魂，这一附加因素在表面上只是解释性和限定性的，而实际上却具有扩张性。在欧洲建立了新的刑法体系的一百五十至两百年间，法官借助于一种渊源久远的进程，逐渐开始审判罪行之外的东西，即罪犯的"灵魂"。

因此，他们开始做判决之外的事情。更确切地说，在司法审判中悄悄地掺进了其他的评估，从而深刻地改变了司法判决的规则。自中世纪艰难缓慢地建立起调查这一重大程序以来，审判就意味着确定犯罪事实，确定犯罪者和实施合法惩罚。有关罪行的知识、有关罪犯的知识和有关法律的知识，这三个条件为符合事实的判决提供了基础。然而，现在，在刑事审判过程中插入了一个截然不同的事实问题。首先，不再像原来那样简单地问："该行为是否已被确认，是否应受到惩罚？"还要追问："这是什么行为？这种暴行或谋杀行为是什么性质？它属于哪一种现象？它是想入非非的结果，还是精神病反应；是一时糊涂，还是一种变态行为？"其次，也不再简单地问："这是谁干的？"还要追问："我们怎么来确定造成犯罪的原因？犯罪的根源是出自犯罪者的哪一方面？是本能，还是潜意识，是环境还是遗传？"最后，也不再简单地问："根据哪一条法律来惩罚这种犯罪？"还要追问："什么措施最恰当？如何估计犯罪者的未来发展？使他重新做人的最佳方法是什么？"这些对罪犯的评估、诊断、预测和矫正性裁决逐渐在刑事审判中占据一席之地。另一种事实渗透进法律机制所要求的事实中。后一种事实被前一种事实所纠缠，结果把罪行认定变成了一种奇特的科学－司法复合体。刑法实践处理疯人问题的方式就很典型。根据1810年法典，只能用第64条来处理疯人。该条款规定，如果犯罪者在犯罪时精神不健全，则不算犯罪或犯法。因此，确定精神错乱是与确定犯罪行为完全无关的事情；该行为的严重性并不因为行为者精神错乱或随后减免惩罚而改变；但是犯罪本身不存在了。据此便不能宣布某个人既犯下罪行又精神错乱。精神错乱的诊断一旦被认可，它就不能被纳入审判；它就打断了审判程序，解除了法律对行为者的制裁。不仅对被怀疑精神失常的罪犯的检查，而且这种检查的结果，都必须独立于并先于判决。然而，时隔不久，19世纪的法庭便开始误解第64条的含义。尽管最高上诉法院几次做出决定，重申对精神错乱者不能判处轻刑，甚至不能做赦免判决，而应撤销立案。但是普通法院依然把精神错乱写进判决书。他们认为，一个人可以既是罪犯又是疯子；疯得越厉害，罪行越轻；罪行是肯定的，但应该把人送去治疗，用刑罚以外的方法来处置；这种人不仅是罪犯，而且是很危险的人，因为他病得太严重，等等。从刑法的角度看，这种观点必然导致许多荒唐的判决。然而，这种情况恰恰是某种演变的开始，法理学和立法本身在以后的一百五十年间加速了这种演变进程：1832年的改革已经引入了"减轻罪行的间接因素"，从而能够根据某种疾病的设定程度或某种半疯癫状态的程度来修改判决。此外，请精神病专家出庭的做法（这种做法在巡回法庭中十分普遍，有些即决法庭也这样做）也意味着，即使判决通常是依法量刑，但也多少混合着对是否正常的评定，对因果关系的归纳，对各种可能前景的估计以及对犯罪者未来的预测。如果以为这些运作都是从外面影响判决的内容，那就大错特错了。它们是直接参与一项判决的形成过程。本来按照第64条的原意，精神错乱就消除了罪行，而现在任何犯罪或犯法都被纳入这一条款，受到合法的怀疑，同时在任何反常的案件中人们都可以提出精神不正常的假设。而且，无论是有罪还是无罪的判决，都不再仅仅是一项针对罪行的判决，一项实施惩罚的法律决定。它还包含了对是否正常的评定和对正常化前景的技术性预测。今天的审判者，无论是法官还是陪审员，当然就不只是在"判案"了。

而且，他也不是在独自审判。整个刑事诉讼程序和执行判决过程充斥着一系列的辅助权威。围绕着主要审判衍生出大量的小型法律体系和变相的法官：精神病和心理分析专家，执行判决的官员，教育工作者，监狱服务人员。所有这些人都分享着合法惩罚权力。有人会反驳说，以上这些人无一真正分享审判权；其中有些人只是在判决后实施法庭规定的惩罚，而另一些人，即那些专家，是在判决之前介入的，是帮助法官们做出决定。然而，只要法庭所规定的刑罚和安全措施不是绝对的明确，它们就会不断地被修改，就会给法官以外的人留下一个任务：决定犯人是否"应该"享有半自由或有条件的自由，他们是否将对他的监管贯彻到底。这就把合法惩罚的机制交给了他们，由他们任意支配。尽管他们可能是辅助性法官，但他们毕竟是法官。这种机制是长期以来围绕着判决的实施及其因人而异的调整而发展起来的，造成了司法决策权威的大量衍生，并把决定权扩展到判决以外的领域。精神病专家本身可能是不愿参与审判的。让我们来考察自"1958年裁决"以来他们向自己提出的3个问题，即被定罪者是否构成社会的威胁？他是否应受到刑事惩罚？他是否能够被矫正？这些问题丝毫不涉及第64条，也不涉及被定罪者在犯法时是否精神失常，也不涉及"责任"问题。它们只涉及刑罚的使用、必要性和效用。用浅显易懂的语言说，它们使得人们有可能证明，精神病院是否是比监狱更合适的禁闭场所，这种禁闭应该是短期的还是长期的，人们所需要的是医疗处置还是安全措施。那么，精神病专家在刑事领域里的角色是什么呢？他不是负有责任的专家，而是一个关于惩罚问题的顾问。他需要回答的是，这个对象是否"危险"，人们应该如何防范他，人们应该如何改变他，人们应强迫他服从还是应给予他治疗。最初，人们求助精神病学专业知识时是为了对罪犯的自由在其犯罪行动中所起的作用得出"真的"解释。现在这种知识则被用来为对罪犯的"医学－司法治疗"提供处方。

总之，自从18世纪和19世纪的重要法典所规定的新刑罚体系实施以来，一种普遍的进程使得法官审理罪行以外的某种东西，使得他们的判决也包含了审判以外的某种内容，审判的权力也部分地转移到审理罪行的法官以外的其他权威手中。整个司法运作吸收了超司法的因素和人员。有人会说，这毫无异常之处；法律不断地吸收其他因素，乃是一种必然趋势。但是，现代刑事司法的怪异之处在于，尽管它采纳了许多超司法因素，却不是为了从司法角度限定它们，逐渐把它们整合进实际的惩罚权力；相反，是为了让它们作为非司法因素在刑罚运作中发挥作用，是为了使刑罚运作不再是单纯的合法惩罚，是为了使法官不再是纯粹的和唯一的惩罚者。"当然，是我们做出了判决。但是，这种判决并不直接与罪行相关。显然，在我们看来，它是一种医治罪犯的方式。我们施加惩罚，但这也是在表明，我们希望获得一种疗效。"今天，刑事司法只有通过这种不断地指涉自身之外的某种东西，通过这种不断地嵌入非司法体系，才能展开运作和为自己正名。它的命运需要不断地由知识来重新确定。

这样，在这种惩罚日益宽松的现象背后，人们可以发现惩罚作用点的置换，而且可以看到，通过这种置换出现了一个新的对象领域，一个新的事实真理体系以及一大批在刑事司法活动中一直不为人们所知的角色。一整套知识、技术和"科学"话语已经形成，并且与惩罚权力的实践愈益纠缠在一起。

[……]

历史学家早就开始撰写身体的历史。他们研究了历史人口学或病理学领域里的肉体；他们把身体看作是需求和欲望之源，心理变化和新陈代谢之所，细菌和病毒的侵害目标；他们揭示了历史进程在多大程度上涉及似乎是纯粹生物学意义上的生存基础，在社会史中，诸如杆菌的传播或寿命的延长这类生物学"事实"应占有何种地位。但是，身体也直接卷入某种政治领域；权力关系直接控制它，干预它，给它打上标记，训练它，折磨它，强迫它完成某些任务、表现某些仪式和发出某些信号。这种对身体的政治干预，按照一种复杂的交互关系，与对身体的经济使用紧密相连；身体基本上是作为一种生产力而受到权力和支配关系的干预；但是，另一方面，只有在它被某种征服体制所控制时，它才可能形成为一种劳动力（在这种体制中，需求也是一种被精心培养、计算和使用的政治工具）；只有在身体既具有生产能力又被驯服时，它才能变成一种有用的力量。这种征服状态不仅是通过暴力工具或意识形态造成的，它也可以是直接实在的力量的对抗较量，具有物质因素，但又不包含暴力；它可以被计算，被组建，被具体地设想出来；它可能是很微妙的，既不使用武器，也不借助于恐怖，但依然具有物质结构。也就是说，可能有一种关于身体的"知识"，但不完全是关于身体功能运作的科学；可能有对身体力量的驾驭，但又不仅是征服它们的能力；这种知识和这种驾驭构成了某种可以称为身体的政治技术学。当然，这种技术学是发散的，几乎没有形成连贯的系统的话语；它往往是各种零星的片断；它使用的是一套形形色色的工具和方法。尽管其结果具有统一性，但一般来说，它不过是一种形式多样的操作。另外，它不是固定在某种特殊的制度机构或国家机器中。它们都求助于它，使用、选择或推行它的某些方法。但是，就其机制和效应而言，它处于另外一个层面。在某种意义上，国家机器和各种机构所运用的是一种权力的微观物理学，其有效领域在某种意义上是介于这些重大功能运作与具有物质性和力量的身体之间。

这样，我们对这种微观物理学的研究就提出以下的假设：首先，施加于身体的权力不应被看作是一种所有权，而应被视为一种战略；它的支配效应不应被归因于"占有"，而应归因于调度、计谋、策略、技术、运作；人们应该从中破译出一个永远处于紧张状态和活动之中的关系网络，而不是读解出人们可能拥有的特权；它的模式应该是永恒的战斗，而不是进行某种交易的契约或对一块领土的征服。总之,这是一种被行使的而不是被占有的权力。它不是统治阶级获得的或保持的"特权",而是其战略位置的综合效应——是由被统治者的位置所展示、有时还加以扩大的一种效应。其次,这种权力在实施时,不仅成为强加给"无权者"的义务或禁锢;它在干预他们时也通过他们得到传播;正是在他们反抗它的控制时,它对他们施加压力。这就意味着,这些关系深入到社会深层;它们不是固定在国家与公民的关系中,也不是固定在阶级分野处,它们不仅在个人、身体、行为举止的层面复制出一般的法律和政府的形式;尽管存在着某种连续性(它们确实通过一系列复杂机制而连接成这种连续形式),但是,既没有相似性,也没有同源性,而只有机制和模态的特殊性。最后,它们不是单义的;它们确定了无数冲撞点、不稳定中心,每一点都有可能发生冲突、斗争,甚至发生暂时的权力关系的颠倒。这些"微观权力"的颠覆并不是遵循着"要么全部,要么全不"的法则;这种颠覆不是由于国家机器被新的势力控制或原有的制度机构行使新的功能或遭到毁灭而一下子造成的;另一方面,这些局部的插曲无一会被载入史册，除非它对制约着它的整个网络产生影响。

或许，我们也应该完全抛弃那种传统的想象，即只有在权力关系暂不发生作用的地方知识才能存在，只有在命令、要求和利益之外知识才能发展。或许我们应该抛弃那种信念，即权力使人疯狂，因此弃绝权力乃是获得知识的条件之一。相反，我们应该承认，权力制造知识（而且，不仅仅是因为知识为权力服务，权力才鼓励知识，也不仅仅是因为知识有用，权力才使用知识）；权力和知识是直接相互连带的；不相应地建构一种知识领域就不可能有权力关系，不同时预设和建构权力关系就不会有任何知识。因此，对这些"权力－知识关系"的分析不应建立在"认识主体相对于权力体系是否自由"这一问题的基础上；相反，认识主体、认识对象和认识模态应该被视为权力－知识的这些基本连带关系及其历史变化的众多效应。总之，不是认识主体的活动产生某种有助于权力或反抗权力的知识体系；相反，权力－知识，贯穿权力－知识和构成权力－知识的发展变化和矛盾斗争，决定了知识的形式及其可能的领域。

因此，为了分析对身体的政治干预和权力微观物理学，在权力问题上，我们必须抛弃暴力-意识形态对立、所有权观念、契约和征服模式；在知识问题上，我们必须抛弃"有利害关系"和"无利害关系"的对立、认识的模式和主体的第一性。借用配第[1]及其同时代人的一个词，但赋予它一种不同于17世纪的含义，我们可以设想一种政治"解剖学"。它不是从某种"身体"（具有各种因素、资源和力量的实体）的角度来研究一个国家，也不是从某个小国家的角度来研究身体及其环境。我们关注的是"政治实体"（body politic），把它看作是一组物质因素和技术，它们作为武器、中继器、传达路径和支持手段为权力和知识关系服务，而那种权力和知识关系则通过把人的身体变成认识对象来干预和征服人的身体。

这就需要我们把惩罚技术——它们或者是用公开酷刑和公开处决的仪式来征服身体，或者是以人们的灵魂为对象——置于政治实体的历史中。这还需要我们在考虑刑罚实践时，与其把它们看作是

---

1. 配第（Petty, 1623—1687年），英国政治经济学家。

法律理论的后果，不如把它们看作是政治解剖学的一章。

康托洛维茨对"国王的身体"做了一个精彩的分析。按照中世纪的司法神学，国王的身体具有双重性质，既包含着有生有死的暂时因素，又包含着一个不受时间影响的不变因素。后者需要受到维护，因为它是该王国的物质的但又无形的依托物。这种二元性从根本上讲很接近于基督教神学模式。围绕着这种二元性形成一种肖像学，一种关于君主制的政治理论，一些将国王本人与王位的要求既区分开又联系起来的法律机制，一些以加冕典礼、葬礼和征服典礼为登峰造极的仪式。在相反的一端，人们会想到罪犯的身体。后者也有其法律地位，也造就了自己的仪式。他们也引起了一系列的理论话语，但不是为了证实君主本人所拥有的"过剩权力"，而是为了说明这些受惩罚者所显示的"权力的匮乏"。在这个最黑暗的政治领域里，罪犯是国王的对称而颠倒的形象。借用康托洛维茨的说法，我们应该分析"罪犯的微不足道的身体"。

如果说国王所拥有的过剩权力造成了国王身体的复制物，那么施加在罪犯被征服的身体上的过剩权力不也造成了另一种复制物吗？即马布利所说的"非肉体"，"灵魂"。因此，这种惩罚权力的"微观物理学"的历史就将成为现代"灵魂"的一个系谱或一个因素。人们不应把这种灵魂视为某种意识形态残余的死灰复燃，而应视之为与某种支配身体的权力技术学相关的存在。如果认为这种灵魂是一种幻觉或一种意识形态效应，那就大错特错了。相反，它确实存在着，它有某种现实性，由于一种权力的运作，它不断地在身体的周围和内部产生出来。这种权力是施加在被惩罚者身上的，更广义地说，这种权力的对象是被监视、训练和矫正的人，疯人，家庭和学校中的儿童，被隔离的人以及被机器所束缚、工余时间也受监视的人。这就是这种灵魂的历史现实。它与基督教神学所展示的灵魂不同，不是生而有罪并应该受到惩罚的，而是生于各种惩罚、监视和强制的方法。这种现实的非身体的灵魂不是一种实体，而是一种因素。它体现了某种权力的效应，某种知识的指涉，某种机制。借助这种机制，权力关系造就了一种知识体系，知识则扩大和强化了这种权力的效应。围绕着这种"现实－指涉"，人们建构了各种概念，划分了各种分析领域：

心理、主观、人格、意识等等。围绕着它，还形成了具有科学性的技术和话语以及人道主义的道德主张。但是，我们不要产生误解，不要以为一种现实的人——认识、哲学思考或技术干预的对象——取代了神学家幻觉中的灵魂。人们向我们描述的人，让我们去解放的人，其本身已经体现了远比他本人所感觉到的更深入的征服效应。有一种"灵魂"占据了他，使他得以存在——它本身就是权力驾驭身体的一个因素。这个灵魂是一种权力解剖学的效应和工具；这个灵魂是身体的监狱。

一般而言的惩罚以及具体而言的监狱属于一种关于身体的政治技术学——我的这一结论与其说得自历史，不如说得自现实。近些年，监狱暴动在世界各地时有发生。当然，暴动的目的、口号和方式有某种似乎矛盾的东西。有些暴动是反抗整个延续了一个多世纪的恶劣物质状况：寒冷、窒闷、拥挤、潮湿、饥饿以及虐待。但是，也有些暴动是反抗模范监狱、镇静药物、隔离手段以及医疗和教育措施。这些暴动的目标仅仅是物质方面吗？既反对落后陈旧的条件，又反对舒适；既反对看守，又反对精神病专家,这些暴动不是相互矛盾的吗?实际上,所有这些暴动(以及自19世纪初以来由监狱引起的无数话语)一直是围绕着身体和物质状况展开的。正是那些琐碎的物质细节维持了这些话语、这些记忆和谩骂。人们可能会把这些只视为盲目的要求或者怀疑在这些要求背后有图谋不轨的计划。实际上,它们是身体层面上的反抗,反抗的就是监狱这种实体。问题并不在于监狱的环境是否太严酷或太令人窒息,太原始或太有章法,而在于它本身作为权力工具和载体的物质性。"灵魂"技术学——教育专家、心理学家或精神病专家的技术学——既无法掩饰也无法弥补的正是这种支配身体的权力技术学。原因很简单,前者是后者的工具。

➻　**第二章　断头台的场面**

迄法国大革命为止，刑罚的基本形式是由1670年法令规定的。该法令规定了下列刑罚等级："死刑、拷问、苦役、鞭刑、公开认罪、放逐。"肉体惩罚占的比重极大。习俗、犯罪性质、犯人的身份也都在考虑之中。"极刑包括许多种类：对有些犯人可直接处以绞刑，对有些犯人则先断手或割舌，再送上绞架；对重罪犯人有些可用刑轮裂肢折磨至死，然后再肢解躯干，有些则在死前肢解躯干，有些可先绞死再车裂，有些可烧死，有些则先绞死再焚尸，有些可用四马分尸，有些可斩首，有些可击碎其头。"苏拉日还顺带补充说，在该法令中，还有一些较轻的刑罚未被提及，如满足受害者的要求、警告、正式申斥、短期监禁、行动限制以及钱财上的惩罚——罚款或没收。

然而，我们绝不应产生误解。在这个恐怖武库与日常刑罚实践之间，实际上有一个很大的差距。公开的酷刑和处决绝不是最常见的惩罚形式。在今天看来，古典时期刑罚实践中的死刑判决比例似乎很高。1775—1785年间，在沙特莱要塞的判决中，有将近百分之十是死刑，包括车裂、绞刑和火刑。弗兰德最高法院在1721—1730年间共做出260项判决，其中有39项死刑判决（在1781—1790年间的500项判决中有26项死刑判决）。但是，不应忘记，法庭有许多放宽刑罚的办法，或者拒绝追究会受到过于严厉惩罚的罪行，或者修改犯罪的定义。有时，国王也指示，对某个严峻的法令不要过于认真地执行（舒瓦瑟尔论1744年8月3日关于流浪汉的公告）。总之，大多数的判决是放逐和罚款。像沙特莱要塞（只处理较重的犯罪）这样的法庭，在1755—1785年间做出的判决，多半是放逐。但是，这些非肉体惩罚常常附加着其他惩罚，后者包括程度不同的酷刑：示众、上颈手枷、戴铁颈圈、鞭笞、烙印。凡是判处做划船苦工的男人或判处幽闭在医院里的女人，都附加这些惩罚。放逐之前往往先示众和打烙印，罚款有时也伴随鞭笞。不仅在那种庄严的死刑中，而且在这些附加的刑罚中，酷刑都显示出自己在刑罚中的重要地位：凡是稍微重要的刑罚必然包含着一种酷刑或肉刑的因素。

何谓"肉刑"（Supplice）？若古[1]在《百科全书》的词条中解释："引起某种令人恐惧的痛苦的肉体惩罚。"他补充说："这是人的想象力所创造的一种令人费解的极其野蛮和残酷的现象。"这种现象或许令人费解，但并非反常，也并非原始。酷刑是一种技术，它并非一种无法无天的极端狂暴表现。惩罚要成为酷刑的话，必须符合三条基本标准：首先，它必须制造出某种程度的痛苦，这种痛苦必须能够被精确地度量，至少能被计算、比较和划分等级；死刑也是一种酷刑，因为它不仅剥夺了人的生存权，而且它也是经过计算的痛苦等级的顶点，它包括从斩首（这是将全部痛苦化简为在一瞬间完成的一个行为——这是零度的酷刑），绞刑、火刑和轮刑（这些都延长了痛苦），到肢解活人（这种方法使人的痛

---

1. 若古（Jaucourt，1704—1780年），法国学者。

苦达到极点)。极刑是一种延续生命痛苦的艺术,它把人的生命分割成"上千次的死亡",在生命停止之前,制造"最精细剧烈的痛苦"。酷刑是以一整套制造痛苦的量化艺术为基础的。不仅如此,这种制造痛苦的活动还是受到调节的。酷刑将肉体效果的类型、痛苦的性质、强度和时间与罪行的严重程度、罪犯的特点以及犯罪受害者的地位都联系起来。制造痛苦有一套法律准则。在用酷刑进行惩罚时,绝不会不加区别地同等地对待肉体。人们会根据具体的规则进行计算:鞭笞的次数、打烙印的位置,在火刑柱或刑轮上制造死亡痛苦的时间(由法庭决定,罪犯应被即刻处死还是慢慢处死,在何处表现恻隐之心),戕残身体的方法(断手或割嘴、割舌)。这些各种不同的因素扩大了惩罚方式,并根据法庭情况和罪行而加以组合。正如罗西所形容的:"但丁的诗进入了法律。"总之,这是肉体刑罚知识中一门需要长期学习的课程。

其次,酷刑应成为某种仪式的一部分。它是惩罚仪式上的一个因素,必须满足两个要求。它应该标明受刑者。它应给受刑者打上耻辱的烙印,或者是通过在其身体上留下疤痕,或者是通过酷刑的场面。即使其功能是"清除"罪恶，酷刑也不会就此罢休。它在犯人的身体周围，更准确地说，是在犯人的身体上留下不可抹去的印记。无论如何，人们都不会忘记示众、戴枷受辱、酷刑和历历在目的痛苦。

第三，从规定酷刑的法律的角度看，公开的酷刑和死刑应该是引人注目的，应该让所有的人把它看成几乎是一场凯旋仪式。它所使用的过分的暴力是造成它的荣耀的一个因素。罪人在受刑时呻吟哀号，这种情况并不是令人难堪的副作用，而恰恰是伸张正义的仪式。因此，甚至在人死后仍施加酷刑，如焚尸扬灰，暴尸囚笼和悬尸路旁，也是十分正常的了。即使已没有任何痛苦了，司法正义仍对犯人的身体紧追不舍。

"司法酷刑"这个词并不涵盖一切身体惩罚。它是一种有差别的痛苦制造方式，一种标明受刑者和体现惩罚权力的有组织的仪式。它并不表明法律体系怒不可遏、忘乎所以、失去控制。在"过分的"酷刑中，包含着一整套的权力经济学。

受刑的身体首先被纳入法律仪式中，而这种仪式应该产生并向一切人展示罪行的真相。

除了英国这一明显的例外,在法国以及多数欧洲国家,整个刑事诉讼过程,包括最后的判决,始终是秘密进行的,也就是说,不仅对于公众,而且对于被告都是不透明的。这一过程是背着被告,至少是在他对指控或证据茫然不知的情况下进行的。在刑事司法的程序中,知情是起诉追究的绝对特权。按照1498年的法令,先期调查应"尽可能认真而秘密地"进行。1670年法令肯定并在某些方面强化了前一时期的严厉性。按照这项法令,被告不能接触有关本案的材料,不能知道原告的身份,在反驳证人以前不能知道证据的情况,直到最后审判前不能利用书面证词,不能有律师确保案件审理的合理或在主要问题上参与辩护。初审司法官则有权接受匿名的告发,对被告隐瞒这种情况,怀着疑心并使用各种巧妙的方式来讯问被告、捕捉被告的漏洞。(直至18世纪,人们还在长篇大论地争辩在"吹毛求疵的"讯问过程中法官使用虚假的承诺、谎言和双关语,即一整套居心叵测的司法决疑术是否合法。)初审司法官拥有独自建构某种事实并加于被告身上的全权,正式法庭的法官所得到的就是这种以文件和书面陈述形式提供的现成事实。对于他们来说，这些文件足以构成证据。他们仅在通过判决之前传讯被告一次。这种秘密的和书面的司法程序体现了一个原则，即在刑事案件中，确立事实真相是君主及其法官的绝对排他的权力。埃罗认为，这种程序（大体上在16世纪确立）起源于"恐惧心理，即恐惧那种人民往往会情不自禁地喧哗和欢呼的场面，担心出现混乱、暴力和针对当事人甚至针对法官的骚动"。国王希望通过这种方式表明，派生出惩罚权的"主权者权力"在任何情况下都不属于"民众"。在君主的司法面前，一切人都必须鸦雀无声。

然而，在确立事实真相时，尽管极其秘密，但也必须遵守某些准则。保密本身就要求规定一种关于刑讯事实的严格模式。从中世纪开始，经过文艺复兴时期著名法学家的发展，形成了一套传统，规定了证据的性质和使用方法。甚至在18世纪，人们还会常常见到如下的区分：真实、直接或正当的证据（如由目击者提供的证据）与间接、推断和制造的证据（如通过论证获得的证据）；明显的证据、值得考虑的证据，不完善的证据或蛛丝马迹；使人们对行为事实无可置疑的"必不可少的"证据（这是"充足"证据。譬如由两名无可指责的目击者证实，他们看到被告持一把出鞘带血的剑离开了，稍后发现因刀伤致死的尸体的地方）；接近或半充足证据——只要被告不能提出相反的证据，这种证据就可被认为是真实的（如，一个目击者的作证，或在谋杀前被告所做的死亡恐吓）；最后还有间接的、完全由意见构成的"副证"（如传言、疑犯的逃遁、疑犯在审讯时的举止等）。现在，这些区分不只是理论上的精密分析，而且具有操作上的功能。首先，这些证据孤立地看都可能有一种特殊的司法作用。"充足"的证据可以导致任何判决。"半充足"的证据可以导致除死刑外的任何"重刑"。不完善的线索也足以导致传讯拘留疑犯、立案审讯或对其课以罚款。其次，它们可以按照精确的算术法则进行组合。两个"半充足"证据就可合成一个完整的证据。如果同时有几个"副证"，它们就可以组成一个"半证据"。但是，无论"副证"有多少，它们本身不能构成一个完整的证据。这个刑法算术学在许多方面十分细密，但是仍有值得商榷之处。如，根据一个充足证据是否足以做出一项死刑判决，是否还应有其他的副证？两个半充足证据是否总是等于一个充足证据，是否应该用三个半充足证据或者用两个半充足证据和一些副证来充当一个充足证据？有些因素是否仅仅对于某些罪行，在某些场合和涉及某些人时可以被视为副证呢？（譬如，如果证据出自一个流浪汉，那么就可以不予注意；相反，如果证据是由"一个重要人物"或者在家庭案件中由户主提供的，那么它就变得重要了。）这是一种受决疑术调节的算术，其功能是确定如何建构一个法律证据。一方面，这种"法律证据"体系在刑事领域中把一种复杂艺术的结果变成真理。它所遵循的是只有专家才懂的法则，因此它加强了保密原则。"法官仅有任何有理智的人都会有的那种信念是不够的。……没有什么比这种判案思路更错误的，实际上，这种思路不过是在某种程度上言之成理的意见。"另一方面，它也是一种对司法官的严格限制。如果没有这种规则，"任何判决都可能是胡来，而且，在某种意义上可以说，即便被告真的有罪，判决也是不公正的"。这种独特的司法真实总有一天会显得荒诞不经，好像法律不必遵循一般的真实准则。"在科学中半个证据能够证明什么呢？几何或代数中的半个论证有什么意义呢？"但是，不应忘记，这些对法律证据的正式限制乃是绝对性权力和垄断性知识所固有的管理方式。

这种刑事案件调查以书面形式秘密进行，遵循严格的法则建构证据，乃是一种无须被告出席便能产生事实真相的机制。因此，虽然法律上一般并没有明确规定，但是这种程序往往必然要求犯人招供。这有两个原因。首先，供词能够成为强有力的证据，以致几乎无须补充其他的证据，或者说不需要进行那种麻烦而不可靠的副证组合。如果供词是通过正当方法获得的，那么就几乎能够免除检察官提供进一步的证据（也是最难获得的证据）的责任。其次，这种程序运用自己全部明确无误的权威真正征服被告的唯一途径，真理充分展示其全部威力的唯一方式，就是使罪犯认罪，在先期调查所做的巧妙而模糊的结论上签字画押。埃罗不太关心这些秘密程序，但他也指出："仅仅使犯罪者受到公正的惩罚是不够的。应该尽可能地使他们做到自我审判和自我谴责。"在由文字重构的罪行事实中，认罪的罪犯担当起活生生的真相体现者的角色。招供是罪犯承担责任、表明态度的行为，是对书面的、秘密的先期调查的补充。因此，使这种审讯调查程序最终获得供词，是十分重要的。

供词的作用也由此产生了歧义性。一方面，人们试图将它纳入一般的证据算术学中，强调它不过是许多证据中的一种。它不是"明确证据"（*evidentia rei*），也不是最强有力的证据，单凭它本身并不足以定罪，必须附加上其他的旁证。众所周知，被告有时会谎称犯了某种罪行。因此，如果检察官仅有被告的供词，他必须再做进一步的调查。但是，另一方面，有人强调，供词比其他任何证据都重要。在某种程度上，它高于其他任何证据。它不仅是确定事实的算术计算中的一个因素，它也是被告接受指控、承认这种事实的行为。它将背着他进行的调查变成自愿的确认。被告通过供认而加入制造司法事实的仪式。正如中世纪的法律所规定的，供词"使事情大白于天下"。除了上述歧义外，还有下面第二种歧义。如果把供词看作一种特别有力的证据，那就只需要再附加少量的副证便可定罪，因此能大大地减轻调查和论证工作。所以，供词受到高度的评价。只要能获得供词，可以使用任何强制手段。但是，尽管在司法程序中它应该成为活生生的和口头的与先期调查相辅相成的对应物，尽管它只能是被告对先期调查的应答与确认，它仍然需要有各种保证条件和正式手续的支持。它保留了交易的某种特点。因此，它必须是"自愿的"，它必须是在有法定资格的法庭上做出的，它必须是在完全清醒的状态下做出的，它不应涉及不可能存在的事情，等等。通过供认，被告把自己交给了这种程序，他认可了先期调查确定的事实。

用供词的双重歧义性（既是一种证据又是先期调查的对应物，既是强制的结果又是一种半自愿的交易）可以解释古典时期的刑法为获得供词而规定的两大手段。其一是要求被告在正式讯问前（也是在人神司法正义前不得做伪证的压力下）宣誓（这同时也是一种做出承诺的礼仪）；其二是司法拷问（为获得实情而施加的暴力。这种实情必须在法官面前以"自愿"供认的形式再现，才能构成证据）。在18世纪末，酷刑将作为另一个时代的野蛮残余，作为"哥特人"的野蛮标志而遭到唾弃。诚然，酷刑实践起源于古代，至少可以追溯到中世纪的宗教法庭，甚至还可以追溯到对奴隶的拷打。但是，它在古典时期的法律中并不表示某种残余或缺陷。它在复杂的刑罚机制中占有明确的地位。在这种机制中，审问程序因增添了起诉制度[1]的因素而得到加强；书面证明需要有一个相应的口头证明；司法官所操纵的制造证据的技术与用痛苦来考验被告的神裁法[2]混合在一起；人们要求被告在这种程序中扮演一个自愿的合作者，为达到这一目的，必要时采用最激烈的威慑办法。总之，在这种刑法机制中，关键是通过一种机制来产生事实真相。这种机制包含两个因素，一个是由司法机关秘密进行的调查，另一个是被告的仪式行为。被告的身体、会说话的和必要时受折磨的身体将这两种因素联结在一起。这就是为什么直到古典时期的惩罚制度受到彻底的检查之前，对酷刑的激烈批评极为少见的原因（最著名的批评是尼古拉于1682年发表的《酷刑是确定罪行的手段吗?》）。而更常见到的只是关于谨慎使用酷刑的建议："司法拷问是获得事实真相的不可靠手段。因此，法官不应不加思索地诉诸这种手段。没有比这更不可靠的手段了。有些罪犯能咬紧牙关，拒不透露实情，……而有些无辜的受害者则会被迫供认不属于

---

1. 指法官与公诉人分开的制度。
2. 神裁法，古条顿族施行的判罪法，如将疑犯的手浸入沸水中或火中，受神裁决，如手无损伤，则定为无罪。

他们的罪行。"

根据上述情况,让我们看看拷问和逼供的功能。首先,拷问并不是一种不惜任何代价获取事实真相的方式,也不是现代审讯中的无限制的拷打。它确实很残忍,但它并不野蛮。它是一种受制约的活动,遵循着明确规定的程序。拷问的各种阶段、时限、刑具、绳索的长度、重物的重量、审讯官干预的次数等,所有这些在因地而异的刑律上都有详细的规定(1729年,阿格索[1]下令调查法国的酷刑手段和规则)。拷问是一种严格的司法活动,它与早在宗教法庭以前就在起诉制度中实行的古老的考验和审判方法——神裁法、法庭决斗、上帝的审判——相联系。在下令施刑的法官和受刑的疑犯之间保存着那种较量的因素。受刑者受到步步升级的考验,如果他"挺住"了,他便获得成功;如果他招供了,他就会失败。(酷刑的第一阶段是展示刑具。对于儿童和70岁以上的老人来说,他们过不了这一关。)但是,审讯官在使用酷刑时是冒着一定风险的(除了使疑犯致死的危险);他是用已经搜集到的证据来下

---

1. 阿格索(Aguesseau,1668—1751年),法国法学家,曾任大法官。

赌注。按照规定，如果被告"挺住"了，没有招供，那么审讯官就只能放弃指控，而受刑者便获得胜利。这样，在最重大的案件中就形成一种惯例，即在证据不足时使用酷刑，在酷刑失败后，司法官可以继续调查。疑犯并不因经受住了酷刑而被宣布无罪，但他的胜利至少使他免于判处死刑。法官依然掌握着除了最后一张王牌以外的一切——"死亡前的一切"（*Omnia citra mortem*）。因此，在审理重大犯罪案件时，常常有人向司法官建议，既然已经有足以定罪的证据就不必给疑犯动刑，否则如果疑犯挺住了酷刑，法官就无权对死有余辜的疑犯判处死刑。在这种较量中，司法正义可能成为输家。如果证据足以"宣判这类罪人死刑"，人们就不应"让这种判决冒险，听凭往往一无所获的审讯的结果。公共安全的利益要求对那些重大的恐怖罪行严惩不贷，以儆效尤"。

在古典时期的拷问中，除了表面上有一种对事实真相的坚决而急切的寻求外，还隐含着一种有节制的神裁法机制：用肉体考验来确定事实真相。如果受刑者有罪，那么使之痛苦就不是不公正。如果他是无辜的，这种肉体考验则是解脱的标志。在拷问中，痛苦、较量和真理是联系在一起的。它们共同对受刑者的身体起作用。通过拷问寻求事实真相当然是一种获得证据的途径，其目的在于获得最重要的证据——犯罪者的供认。但这也是一场战斗，一方对另一方的胜利将"产生"符合某种仪式的真理。在为了获得招供而使用的酷刑中，有一种调查的成分，但也有一种决斗的成分。

看上去，调查和惩罚已交融在一起。这并非毫无悖理之处。拷问确实被规定为当"审问中没有实施足够的刑罚"时的一种补充证明方式。因为它属于刑罚之列，而且在惩罚体系中是一种很重的刑罚，所以1760年法令将它置于仅次于死刑的位置上。后人会问，一种刑罚怎么能被当作一种手段来使用呢？人们怎么会把应该是一种证明方法的东西当成一种惩罚呢？其原因应该在古典时期刑事司法产生事实真相的运作方式中寻找。片段的证据并不构成大量的客观要素，除非它们能够被搜集在一起，形成一批统一的证据，并能对罪行做出最终的证实。每一个证据片段都会引起对疑犯一定程度的反感。对罪行的认定不是在所有的证据都汇在一起时才开始的。而是随着每一个可能使人认定罪犯的要素的积累而逐渐形成的。因此,在半证据未得到补充而形成一个完整的证据之前,疑犯并不能得到解脱,而是被认定为有部分罪责。有关一桩严重罪行的副证能够证明某人是一个轻罪犯。总之,刑事诉讼论证不是遵循非真即假的二元体系,而是遵循逐渐升级的原则。论证中的每一级都构成一定的罪责认定,从而涉及一定的惩罚。因此,疑犯总会受到一定的惩罚。人若成为怀疑的对象就不可能是完全无辜的。怀疑就暗含着法官的论证因素,疑犯的某种程度的罪责以及有限度的刑事惩罚。一个疑犯如果始终受到怀疑,就不会被宣布无罪,而要受到部分的惩罚。当人们的推理达到某种程度时,人们就完全有理由展开一种具有双重作用的活动:根据已搜集的信息开始施加惩罚,同时,利用这初步的惩罚获得尚不清楚的事实真相。在18世纪,司法拷问依据的是一种奇特的原理:产生事实真相的仪式与实施惩罚的仪式同步进行。被拷问的身体既是施加惩罚的对象,又是强行获取事实真相的地方。而且,正如推理既是调查的一个因素,又是罪责认定的一个片段,司法拷问所造成的有节制的痛苦既是惩罚手段,又是调查手段。

至此，值得玩味的是，这两种仪式通过人的身体而形成的结合，在刑罚的实施过程中，既使证据得到确认，又使判决得以通过；而犯人的身体在公开惩罚的仪式中再度成为一个基本因素。犯罪者的任务是公开承认对他的谴责和所犯罪行的真相。被展示和受刑的犯人身体被用来公开支持在此之前一直被遮掩的程序。判决必须通过犯人的身体向所有的人昭示。在18世纪，犯罪真相通过公开的刑罚直接鲜明地表现出来，这种做法具有几种方式。

1. **使犯罪者成为自己罪行的宣告者**。在某种意义上，他负有宣布并证实自己所受指控的任务。其方式是，游街，在其前胸后背或头上佩戴醒目的牌子；在各个路口示众，宣读判决，在教堂门口当众认罪，"赤裸双脚、身穿衬衫、手持火把，跑着宣布：自己邪恶可怖、卑鄙无耻，犯下了最不齿于人类的罪行等"。另外还有在火刑柱前或断头台下宣布犯罪者的罪行和判决。无论犯人仅仅戴枷示众还是受火刑或轮刑，他都要用身体来承担他的罪行和对他施加的司法正义，从而使这种罪行和司法正义昭示于众。

2. **沿用、复活了忏悔的场面**。这是用一种主动的公开认罪的方式复制了强制的当众认罪,将公开处决变为昭示真理的时刻。在这最后的时刻,犯罪者已不会再失去什么了,真理的全部光辉将取得胜利。法庭在判决之后可以决定采用某种新的拷问方法来获得犯罪同谋的名字。人们还认为,在犯人走上断头台时,可以要求暂缓执行死刑,这样可以使他吐露出新的情况。公众愿意看到在披露真相的过程中出现这种新的转折。许多犯人用这种方法来争取时间。被定为持械行凶罪的米歇尔·巴比埃就是这样做的。"他厚颜无耻地看着断头台说,这个台肯定不是为他搭的,因为他是无辜的。他要求返回法院。在法院里,他东拉西扯拖了半个小时,竭力证明自己无罪。当他被送回到刑场时,他坚定地走上刑台。当他被脱去衣服、捆在十字架上,但还未分开四肢时,他第二次要求回到法院。在那里,他彻底地供认了自己的罪行,甚至声称自己还负有另一桩谋杀的罪责。"公开的酷刑和死刑的功能就是揭示真相。就此而言,它是在众目睽睽下继续着司法拷问在私下进行的工作。它在罪行判决上补上了犯人的签名。凡是成功的公开处决都伸张了司法正义,在将被处决的人的身体上公布了罪行真相。弗朗索瓦·比亚尔是一个好犯人的典型。他原来是高级邮政官,于1772年杀害了自己的妻子。刑吏想遮住他的脸,使他免受围观人群的羞辱。"'我应该受到的惩罚一直没有降临到我头上,'他说,'所以公众不应看到我的脸。……'他仍然穿着悼念妻子的丧服。……他穿着新鞋,他的头发是新烫的并洒了粉,他的态度既谦卑又庄严,使围观者能更清楚地观察他。围观者说,他要不是一个最完美的基督徒就是一个最坏的伪君子。他胸前挂的牌子有些歪斜,他自己将牌子摆正,无疑是为了使围观者更容易看到上面的字。"如果罪大恶极的犯人都像他这样,刑罚仪式就会具有一种充分的公开忏悔的效果。

3. **将公开受刑与罪行本身联系起来**。这是在二者之间建立了一系列可译解的关系。这是在犯罪现场或附近的十字路口所进行的犯人人身展览。处决往往是在犯罪发生的地点进行。譬如,1723年,一名学生杀死了几个人。南特初级法庭决定,在他行凶的小酒店前搭设刑台。在有些"象征性"酷刑中,处决的形式表明犯罪的性质。如,渎神者被割舌,淫秽者受火刑,杀人者被砍掉右手。有时,犯人被强迫手持其犯罪器械。如达米安被强迫用犯罪的右手拿着那把著名的行凶匕首,他的手和匕首都被涂上硫黄,一起焚烧。正如维科指出的,这种古老的法理学是"一套完整的诗学"。

在处决犯人时,有时甚至完全戏剧性地重现犯罪——使用同样的器具和同样的动作。这样,司法正义便可以在公众面前重现犯罪,揭示其真相,使这种罪行与犯人同归于尽。甚至到18世纪晚期,人们还可以发现类似下述的判决:1772年,康布雷的一名女仆杀死了女主人,她被判用"路口的垃圾车"送到刑场,绞刑架前应"安放已故女主人拉列伊被杀害时坐的椅子,让罪犯坐在椅子上,法院的刑吏砍断她的右手,当着她的面将其抛入火中,接着用她杀害女主人的切肉刀对她猛击四下,前两下击其头部,第三下击其左臂,第四下击其胸部,然后将她吊死,两个小时后,放下尸体,在绞架前用她杀害女主人的同一把刀子割下头颅;悬挂于康布雷城外通往杜埃的大路旁20英尺高的杆子上,尸体装入一个袋子,埋在这根杆子旁的10英尺深处"。

4. 最后,行刑的缓慢过程、突如其来的戏剧性时刻、犯人的哀号和痛苦可以成为司法仪式结束的最后证据。每一种临终时的痛苦都表达了某种真理。

但是，在刑场上，这种表达更为强烈，因为肉体的痛苦促进了这种表达。这种表达也更为严峻，因为它发生在人的审判与上帝的审判的结合点上。这种表达也更引人注目，因为它发生在公众面前。犯人的痛苦是在此之前受拷问的痛苦的延续。但是，在拷问中，事情虽未结束，犯人却还可能保住生命，而此时，犯人必死无疑，人们应该拯救的只是灵魂。永恒的受难提前开始，处决的酷刑使彼岸的惩罚提早到来。它显示了彼岸惩罚的情景。它就是地狱的模拟表演。犯人的哀号、挣扎和污言秽语已经表明了其不可挽回的命运。但是，此刻的痛苦也可以被视为悔罪，从而减轻彼岸的惩罚：上帝对于这种无奈的受难不会不加考虑的。尘世惩罚的残酷性也将在彼岸的惩罚中予以折算，因此其中包含着一线得到宽恕的希望。但是，人们也许会说，这种骇人的受难难道不是上帝遗弃罪人，将其交给同胞支配的标志吗？此外，它们不仅不能保证未来的赦免，而且它们不是还预示着即将受到打入地狱的惩罚吗？如果犯人不受痛苦的煎熬而一死了之，岂不证明上帝想保护他，不让他陷于绝望吗？因此，这种受难便具有模棱两可的含义，它既表示犯罪的真相又意味着法官的错误，既显示罪犯的善又揭示罪犯的恶，既表示人的审判与上帝的审判的一致，又表示这二者的背离。正因为如此，围观者才怀着永不满足的好奇心到刑场，观看真实的受难场面。在那里他们能够发现有罪和无罪、过去和未来、人间和永恒的秘密。观众感兴趣的是揭示真相的时刻：每一个词语、每一声哀号、受难的持续时间、挣扎的肉体、不肯离开肉体的生命，所有这一切都构成了一种符号。有一名犯人"在刑轮上煎熬了六个小时，刽子手无疑在尽可能地安慰和鼓励他，而他也不希望刽子手离开他的身边"。有一名犯人是"怀着真正的基督徒情感被处决的，他表现出十分真诚的忏悔"。有一个人"受了一个小时的轮刑才断气。据说，在场的观众都被他所表现出的虔诚和忏悔感动了"。有一个人在赴刑场的路上一直做出最明显的悔悟表示，但是，当他被送上刑轮时，他"不断地发出令人毛骨悚然的哀号"。"有一名妇女一直镇定自若，但是在判决宣读后便开始丧失理智，到送上绞刑架时已完全疯了。"

至此，我们已讨论了一个完整的过程。从司法拷问到处决执行，肉体一再产生或复制犯罪的真相。

或者更确切地说,它是整个仪式和审问中的一个因素:供认罪行,承认被告的确犯有这种罪行,显示被告是用自己的人身来承担这种罪行,支撑惩罚的运作并用最醒目的方式展现惩罚的效果。肉体受到多次折磨,从而成为一个承担着行为现实和调查结果、诉讼文件和罪犯陈述、犯罪和惩罚的综合体。因此,它在神圣的刑事程序中是一个基本因素。它必须是一个以君主的可怕权利,即起诉追究和保密权利为中心安排的程序的合作者。

司法酷刑同时也应被理解为一种政治仪式。即使是在小案件中,它也属于展示权力的仪式。

按照古典时期的法律,如果逾越了法律为其规定的严格界限,就是犯法,而不考虑其是否造成伤害,甚至不考虑是否破坏了现存统治。"如果有人做了法律禁止的事,即使没有财产损失和人身伤害,这种行为也是必须加以弥补的罪过,因为最高者的权利受到侵犯,这种行为冒犯了其尊严。"除了直接受害者之外,这种罪行还冒犯了君主。它是对君主人格的冒犯,因为法律体现了君主的意志。它也是对君主人身的冒犯,因为法律的效力体现了君主的力量。"一项法律若想在王国内生效，它就必须是由君主直接发布的，至少是由他的权威所批准的。"因此，君主的干预并不是在两个敌对者之间进行的仲裁，也不只是强制人们尊重个人权利的行动，而是对冒犯他的人的一个直接回答。毫无疑问，"君权在惩治犯罪方面的行使，是主持司法正义的基本组成部分"。因此，惩罚不能被认为是对伤害的补偿，甚至不能用这种补偿来衡量。在惩罚中，总有一部分理应属于君主。而且，即使在惩罚与补偿相结合时，惩罚仍是用刑法消灭犯罪的最重要因素。这样，属于君主的部分已不那么单纯。一方面，它要求对他的王国所受到的侵害做出补偿（这种侵害值得重视，因为它逾越了一个人的本分，从而成为一种无序因素和有害的榜样）。另一方面，它也要求国王对他个人所受到的冒犯进行报复。

因此，惩罚权是君主对其敌人宣战权利的一个层面。惩罚权属于"罗马法称之为绝对权力（merum imperium）的生杀予夺大权，君主凭借这种权力，通过惩治犯罪来监督人们尊重法律"。但是，惩罚也是强制索取既是个人的又是公共的补偿的一种方式，因为在某种意义上，君主的物质-政治力量是通过法律体现的："人们根据法律的定义便能知道，法律不只是限制，而且通过惩罚违反其禁令者报复对其权威的蔑视。"在最普通的刑罚中，在最微不足道的法律形式的细节中，占据支配地位的是活跃的报复力量。

因此，公开处决就具有一种司法-政治功能。它是重建一时受到伤害的君权的仪式。它用展现君权最壮观时的情景来恢复君权。公开处决虽然是一种匆促而普通的形式，但也属于表现权力失而复得的重大仪式之列（其他仪式有加冕仪式、攻克城池后的国王入城仪式、叛民投降仪式）。它在众目睽睽之下对使君权受辱的犯罪施展无坚不摧的力量。其宗旨与其说是重建某种平衡，不如说是将胆敢蹂躏法律的臣民与展示其威力的全权君主之间的悬殊对比发展到极致。尽管对犯罪造成的私人伤害的补偿应该是成比例的，尽管判决应该是平衡的，但是惩罚的方式看上去不是有分寸的，而是不平衡的、过分的。在这种惩罚仪式中，应该着重强调权力及其固有的优势。这种优势不仅是君主权力的性质，而且是君主用以打击和控制其反对者的肉体的物质力量的性质。犯罪者破坏法律，也就触犯了君主本人，而君主，至少是他所授权的那些人，则抓住犯人的肉体，展示它如何被打上印记、被殴打、被摧毁。因此，惩罚的仪式是一种"恐怖"活动。18世纪，当法学家开始与改革者争论时，他们对法律规定的刑罚的肉刑残酷性做了一种限制性的和"现代派的"解释。他们认为，严刑峻法之所以必要，是为了杀一儆百，使人铭记在心。然而，实际上，维持着这种酷刑实践的并不是示范经济学——后者是在"观念学派"（idéologues）的时代所理解的那种经济学（即刑罚表象应该大于犯罪兴趣）——而是一种恐怖政策，即用罪犯的肉体来使所有的人意识到君主的无限存在。公开处决并不是重建正义，而是重振权力。因此，在17世纪，甚至在18世纪初，公开处决及其全部恐怖场面不是前一个时代的挥之不去的残余。它的残忍性、展示性、暴力性，力量悬殊的演示，精细的仪式，总之，它的全部机制都蕴藏在刑法制度的政治功能中。

这样，我们便能理解酷刑和处决仪式的某些特点，尤其是那种有意大张旗鼓的仪式的重要性。这是在庆祝法律的胜利，无须做任何掩饰。这种仪式的细节始终如一，但是它们在刑罚机制中十分重要，因此在判决书上从来不会忘记将其一一列出：游街、在路口和教堂门口逗留、当众宣读判决、下跪、公开表示因冒犯上帝和国王而悔罪。有时，法庭就决定了仪式方面的细节，如"官员们应按下列顺序行进：领头的是两名警士，然后是受刑者，在受刑者后面，邦福尔和勒科尔在其左侧一起步行，随后是法庭的书记，以此方式抵达集市广场，在那里执行判决"。当时，这种刻意安排的仪式不仅具有法律意义，而且具有十分明显的军事意义。国王的司法正义被表现为一种武装的正义。惩罚罪犯之剑也是摧毁敌人之剑。在行刑台周围部署着一架完整的军事机器：骑兵巡逻队、弓箭手、禁卫军、步兵。当然，这样做是为了防止犯人逃跑或出现暴力场面，也是为了防范人民可能激发同情或愤怒、防范任何劫走犯人的图谋，对图谋不轨者格杀勿论。但是，这也是为了提醒人们，任何类似的犯罪都是对法律的反叛，类似的罪犯都是君主的敌人。所有这些理由——无论是作为特殊环境的防范措施，还是作为举行仪式的功能因素——都使得公开处决超出了作为一个司法行为的意义。它是一种力量的显示，更确切地说，它是君主的令人望而生畏的物质力量在此伸张的司法正义。公开的酷刑和处决的仪式，使所有人都看到，使君主能实施法律的那种权力关系。

公开处决是展现武装的法律的一种仪式。在这种仪式中，君主显示出自己既是司法首领又是军事首领的一身二职的形象。因此公开处决既表现胜利，又表现斗争。它庄严地结束罪犯与君主之间胜负早已决定的战争。它必须显示君主对被他打得一败涂地的人所行使的优势权力。双方力量的悬殊和不可逆转的倾斜，是公开处决的一个基本要素。被君主的无限权力抹掉而灰飞烟灭的肉体，被一点一点地消灭的肉体，不仅是惩罚的理论界限，也是其实际界限。在阿维农举行的对马索拉的公开行刑，就是一个著名的例子。这是最早激起人们愤怒的事例之一。这次行刑显然是一次荒唐的仪式，因为它几乎完全是在犯人死后进行的，司法几乎仅在展示其壮观的场面，礼赞其对尸体的暴力。当时，犯人被蒙住眼，捆在一根柱子上。在刑台上，四周的柱子挂着铁钩。"牧师在受刑者耳边低语一番，为他画了十字，然后刽子手手持一根类似屠宰场用的铁棒，尽其全力对受刑者的头侧部猛然一击，后者立即死亡。然后刽子手拿起一把大匕首，割开死者的喉咙，鲜血喷洒在他身上。这是一个十分恐怖的景象。他切割开死者脚跟附近的肌肉,然后割开死者的肚子,掏出心、肝、脾、肺,挂在一个铁钩上,削割成碎片。他似乎是在屠宰一只动物。有谁能忍心目睹这种场面!"在这段明确地与屠夫行当相提并论的描述中,对肉体的凌迟是与展示相连的:尸体的每一块都被悬挂展览。

公开处决不仅伴有一整套庆祝胜利的仪式,而且还包括一种冲突的场面,后者是其单调的进程中的戏剧核心。这就是刽子手对受刑者的肉体的直接行动。诚然,它是一种有程式的行动,因为惯例和判决书(后者往往十分明确地)规定了主要细节。但是,它也保留了某些作战的成分。刽子手不仅在执法,而且也在施展武力。他是某种暴力的使用者,为了战胜犯罪而对犯罪的暴力使用暴力。他是这种犯罪的有形的对手,他既可以表现出怜悯,又可以表现得残酷无情。达姆代尔与许多同时代人一样抱怨,刽子手"极其残忍地对待作恶的受刑者,摆布他们,折磨他们,残杀他们,似乎他们是他手中的野兽"。这种风俗延续了很长的一段时间。在公开处决的仪式中一直有一种挑战和较量的因素。如果刽子手取得胜利，如果他能一下子砍断犯人的头颅，他就会"拿着头颅向人们展示，将其放在场地中，然后向鼓掌称赞他的技术的人们挥手致意"（这是格莱特[1]于1737年在观察处决蒙蒂尼时所看到的场面）。反之，如果他失败了，如果他没有按照要求成功地杀死受刑者，他就要受到惩罚。处决达米安的刽子手便是这种例子。他未能依照规定将受刑者四马分尸，只得用刀来凌迟后者。结果，原来许诺给他的达米安的头发被充公，拍卖所得的钱散给了穷人。若干年后，阿维农的一名刽子手把三名强悍的强盗搞得过分痛苦，欲死不能，便只得将他们吊死。围观者群情激愤，斥责刽子手。为了惩罚他，也为了使他免受群众的殴打，他被关入监狱。此外，在对不熟练的刽子手进行惩罚的背后，有一种我们今天依然不陌生的传统。按照这种传统，如果刽子手意外地失败了，那么犯人就可得到赦免。这种风俗在某些国家是十分明确的，如在勃艮第。民众常常期待这种情况的发生，有时会保护以这种方式逃脱死神的犯人。为了消灭这种风俗和抑制这种期望，

---

1. 格莱特（T. S. Gueulette, 1683—1766年），法国作家、法官。

人们只得诉诸古老的谚语:"绞刑架从不放过自己的捕获物",在死刑判决书中加入明确的指示,如"勒住脖颈悬挂,直至死亡为止"。在18世纪中期,塞尔皮雍和布莱克斯通等法学家认为,刽子手的失误并不意味着犯人的生命可以苟全。布莱克斯通在《英国法律释义》一书中指出:"显然,如果犯人根据判决被处绞刑,但没有彻底咽气,而又复活,那么司法长官应该再次吊死他。因为前一次绞刑没有执行判决。而且,如果在这种情况下心慈手软,就会遗患无穷。"在处决仪式中有某些令人迷惑不解的神裁法和上帝审判的成分。在与犯人的较量中,刽子手有点像国王的斗士,但他是没有资格因而得不到承认的斗士。历来的传统似乎是,当刽子手的委任状被盖上印玺后,不是放在桌子上,而是掷于地上。众所周知,围绕着这个"十分必要"但又"不自然的"职务有各种限制。在某种意义上,刽子手是国王手中的剑,但是,他也分担着其对手的耻辱。君权授权他杀戮并通过他杀戮,但君权不体现在他身上,也不以他特有的残忍为自己的标志。而且,它从不出现,除非在能造成最轰动效果的时候,即用赦令来中止刽子手行刑的时刻。在判决和行刑之间通常只有短暂的时间（往往只有几个小时），这意味着赦免通常是在最后一刻才降临。而仪式的进行十分缓慢，无疑是为了这意外的变化留下余地。安舍尔在《18世纪的犯罪与惩罚》一书中讲述有关安杜瓦·布列泰克斯的故事：当一名骑士带着人们熟知的羊皮纸卷奔驰而来时，他已经被带到行刑台下了。"上帝保佑国王"的欢呼声响成一片，布列泰克斯被带到小酒馆，法庭书记员则为他收拾好东西。犯人总是希望获得赦免。为了拖延时间，甚至到了绞刑架下，他们还会假装要吐露新的案情。当民众希望看到赦免时，他们会大声呼喊，要求赦免，竭力设法延迟最后的时刻，期盼着携带绿色蜡封的赦令的信使，在必要时甚至谎传信使正在途中（1750年8月3日，在处决几名因反抗劫持儿童而暴动的人时便发生了这种情况）。君主在处决时的存在，不仅表现为实施依法报复的权力，而且表现为能够中止法律和报复的权力。他应该始终是独一无二的主宰，唯有他能够荡涤冒犯他本人的罪行。尽管他确实授权法庭行使他主持正义的权力，但他并没有转让这种权力。他仍完整地保持着这种权力。他可以任意撤销判决或加重判决。

我们应该把公开处决看作为一种政治运作。公开处决在18世纪依然被仪式化。它合乎逻辑地包含在一种惩罚制度中。在这种制度中,君主直接或间接地要求、决定和实施惩罚,因为他通过法律的中介而受到犯罪的伤害。在任何违法行为中都包含着一种"大逆罪"(crimen majestatis),任何一个轻罪犯人都是一个潜在的弑君者。而弑君者则是彻头彻尾的罪犯,因为他不像其他违法者那样,只是冒犯君权的某个特殊决定或意愿,而是冒犯君主的原则和君主本人。在理论上,对弑君者的惩罚必须是集一切酷刑之大成。它应该是无限报复的体现。对这种十恶不赦之徒,法国法律不限定刑罚方式。为了处决拉维亚克,当局必须创造仪式的形式,将当时法国最残忍的酷刑组合在一起。为了处决达米安,人们试图发明更残酷的肉刑。当时人们提出了各种建议,但是这些建议都被认为不够完善。结果,还是沿用了处决拉维亚克的方式。应该承认,这种方式是比较温和的,因为我们可以比较一下在1584年是如何用类似无限报复的方式来处置谋杀奥伦治亲王威廉[1]的刺客的。"第一天，他（刺客）被带到广场，那里设置着一个大沸水锅，他的那只犯罪的手被浸入锅中。第二天这只手被砍掉，因为这只手落在他脚边，他就在行刑台前后不停地踢它。第三天，用烧红的铁钳烫烙他的胸部和手臂的前端。第四天，同样用铁钳烫烙他的手臂上部和臀部。这个人就这样连续受了八天的酷刑。"最后一天，他被施以轮刑和锤刑［用一根木棒锤击］。六个小时后，他还在要水喝，但没有给他。"最后，治安长官在他的哀求下下令绞死他，以使他的灵魂不致绝望和迷失。"

毫无疑问，公开的酷刑和处决所以存在，是和某种与这种内部结构之外的东西相联系的。鲁舍和基希海默尔正确地看到，这是一种生产制度的后果。在这种生产制度中，劳动力乃至人的身体没有在工业经济中所赋予的那种效用和商业价值。此外，这种对身体的"轻视"当然是与某种对死亡的普遍态度有关。我们在这种态度里不仅可以发现基督教的价值观，而且还能窥见一种人口学上的，在某种意义

---

1. 奥伦治亲王威廉（William of Orange, 1533—1584年），荷兰贵族，领导尼德兰革命，任尼德兰执政，后遇刺身亡。

上是生物学上的形势：疾病猖獗、饿殍遍野，瘟疫周期性地横扫人世，婴儿死亡率骇人听闻，生态-经济平衡极不稳定——所有这一切都使得人们对死亡司空见惯，而且产生了包容死亡的仪式，以使死亡变得为人们所接受，并赋予步步紧逼的死亡现象以某种意义。但是，我们在分析公开处决长期存在的原因时，还应该注意历史的联系。我们不应忘记，迄大革命前几乎一直有效的关于刑事司法的1670年法令，在某些方面甚至加重了旧法令的严峻性。对此，皮索尔[1]应负有责任。他是起草体现国王意图的文件的委员会成员之一。他根本不顾及拉穆瓦农等行政官员的意见。在古典主义兴盛期，频繁的民众起义，一触即发的内战阴影，国王为了巩固自己的权力而不惜损害高等法院的愿望，这些都有助于说明这种严刑峻法延续存在的原因。

在考虑一个包括如此之多酷刑的刑法制度时，这些事实是一般性的、某种意义上是外在的理由。它们不仅可用于解释身体惩罚的条件和长期延续，而且也可用以解释反对意见的软弱性和偶发性。我

---

1. 皮索尔（Pussort，1615—1679年），法国政治家、大法官。

们应该在这种一般背景下，阐述肉体惩罚的具体功能。如果酷刑在法律实践中根深蒂固，那是因为它能揭示真相和显示权力的运作。它能确保把书面的东西变为口头的东西，把秘密公之于众，把调查程序与忏悔运作联系起来。它能够在有形的罪犯肉体上复制罪恶。这种罪恶应该以同样恐怖的方式显现出来和被消灭。它还把犯人的肉体变成君主施加报复之处，显示权力之处以及证实力量不平衡的机会。我们在后面将要看到，真理－权力关系始终是一切惩罚机制的核心，在现代刑罚实践中依然如此，只不过形式不同、效果不同。启蒙运动很快将要谴责这些酷刑是一种"残暴"（atrocity）。法学家们常用这个词来描述公开的酷刑和处决，但不带任何贬义。或许"残暴"观念是最能表示旧刑罚实践中酷刑的经济学观念之一。首先，"残暴"是某些重大犯罪的一个特征。它涉及被罪犯冒犯的某些自然法或成文法、神法或世俗法，涉及公开的丑闻或秘密的诡计，涉及这些罪犯及其受害者的社会地位和身份，涉及他们打算或实际造成的混乱以及引起的恐慌。因为惩罚必须以极其严峻的方式将罪行暴露于众目睽睽之下，所以惩罚也必须对这种"残暴"承担责任：它必须通过忏悔、声明和铭文揭示残暴；它必须用仪式复制它，以羞辱和痛苦的方式将其施加于犯罪者的肉体上。残暴是犯罪的组成部分，而惩罚则用酷刑来回击，目的在于将其暴露在光天化日之下。因为残暴是一种机制的固有现象，这种机制能在惩罚本身的中枢产生可见的犯罪真相。公开处决是那种能够确立被惩罚事物的真实情况的程序之组成部分。其次，犯罪的残暴也是对君主的激烈挑战。它使君主做出回应，这种回应比犯罪的残暴走得更远，以便制服它，通过矫枉过正来消灭它、克服它。因此，附着于公开处决的残暴具有双重作用：它既是沟通犯罪与惩罚的原则，也加重了对犯罪的惩罚。它提供了展示真相和权力的场面。它也是调查仪式和君主庆祝胜利仪式的最高潮。它通过受刑的身体将二者结合在一起。19世纪的惩罚实践尽可能地拉开"平和的"真相探求与无法完全从惩罚中抹去的暴力之间的距离。这种实践力图区分应受惩罚的犯罪与公共权力所施加的惩罚，表明二者的异质性。在犯罪真相与惩罚之间，只应有一种合理的因果关系，而不应再有其他关系。惩罚权力不应被比它所想惩罚的罪恶更大的罪恶玷污自己的双手。它应当不因它所施加的刑罚而蒙受恶名。"让我们尽快制止这种酷刑吧！它们仅属于那些头戴王冠、统治罗马人的怪物。"但是，按照前一时期的刑罚实践来看，在公开处决中，君主与罪恶的密切联系，由"展示证明"和惩罚所产生的这种混合，并不是某种蛮荒状态的产物。使他们结合在一起的，是残暴机制及与其必然相关的联系。清算罪过的残暴用无限的权力组织了毁灭邪恶的仪式。

罪与罚通过残暴联系和结合起来，这一事实并非某种被心照不宣地公认的报复法则的产物，而是某种权力机制在惩罚仪式中的效应。这种权力不仅毫不犹豫地直接施加于肉体上，而且还因自身的有形显现而得到赞颂和加强。这种权力表明自己是一种武装的权力，其维持秩序的功能并非与战争功能毫无关联。这种权力将法律和义务视为人身束缚，凡违反者均为犯罪，均应受到报复。凡不服从这种权力的行为就是敌对行为，就是造反的最初迹象，在原则上，无异于进入内战状态。这种权力无须说明它为什么要推行贯彻法律，但是应该展示谁是它的敌人并向他们显示自己释放出来的可怕力量。这种权力在没有持续性监督的情况下力图用其独特的表现场面来恢复自己的效应。这种权力正是通过将自己展示为"至上权力"的仪式而获得新的能量。

为什么不以"残暴"为耻的惩罚会被力求"人道"声誉的惩罚所取代?对此,有许多原因。其中有一个原因是应该首先加以分析的,因为这个原因是公开处决本身所包含的,是其功能运用的一个因素及其长期混乱失调的根源。

在公开处决的仪式中,主要角色是民众。他们实际而直接的存在是举行这种仪式的必需品。如果处决秘密进行,即使广为人知,那也几乎毫无意义。公开处决的目的是以儆效尤,不仅要使民众意识到最轻微的犯罪都可能受到惩罚,而且要用权力向罪人发泄怒火的场面唤起恐怖感。"在处理刑事犯罪案件时,最棘手的是如何实施刑罚:对罪人恰当地实施刑罚,发挥警诫和恐怖的作用,正是该程序的宗旨和目的,也是唯一的成果。"

但是,在这种恐怖场面中,民众的角色是多义的。民众是作为观众而被召集来的。他们聚在一起是为了观看公开处决和当众认罪。示众柱、绞刑架、断头台等设立在广场或路旁。有时在犯罪地点附近让被处决的犯人暴尸几日。民众不仅应该耳闻,而且应该目睹,因为必须使他们有所畏惧,而且有必要使他们成为惩罚的见证人。他们还应该在某种程度上参与惩罚。见证的权利是他们所拥有的并要求得到的权利。秘密处决是一种特权。人们往往会怀疑它是否按照通常的严峻方式进行。当受刑者在最后一刻被带走而避开公众时,就会爆发抗议。有一名高级邮政官因杀妻而被示众。示众后,他从围观的人群中被带走。"他被押上一辆出租马车。民众对他百般侮辱。如果无人护卫的话,很难使他免受民众的虐待。"当一个名叫勒孔巴的妇人被送上绞刑架时,她的脸部被有意蒙起来,她被"一块头巾包住脖子和头部。民众因此哗然,认为这不是勒孔巴"。民众认为自己有权观看处决,有权看到被处死的人。当第一次使用断头机时,《巴黎记事》报道说,民众抱怨他们什么都看不到,他们高唱"还我绞刑架"。民众也有参与权。当犯人被游街示众并被用各种方式显示其罪行的恐怖时,他被有意地提供给观众,让观众侮辱他,有时是让观众攻击他。民众的报复被召唤出来,成为君主报复的一个次要组成部分。它绝不是最主要的,君主也不是用自己的方式表达民众的报复。毋宁说,当国王决定"向自己的敌人雪耻"时,尤其当需要在民众中寻找这些敌人时,民众应该给国王提供帮助。这种帮助更像是民众为国王的报复所做的"断头台杂役"。这种"杂役"在古老的法令中就有规定。1347年关于渎神者的法令规定,这种人应置于示众柱,"从清早一直展示到死亡为止。除石头和其他伤害身体的物品外,泥土和其他垃圾均可掷向其面部。……如果是累犯犯人,我们的意见是,在重大集市日,将他置于示众柱,并将他的上唇割开,露出他的牙齿"。无疑,在古典时期,这种参与酷刑的方式仅仅是受到容忍而已,当时有人在设法限制,其原因是它引出种种暴行,而且它还包含着对惩罚权力的僭越。但是它属于公开处决的一般机制,而且关系密切,难以根除。甚至在18世纪,还有些场面类似于1737年处决蒙蒂尼时的情况。当刽子手进行处决时,当地渔妇列队游行,高举着犯人的模拟像,然后砍掉它的头。而且,常常有这样的情况:当犯人游街通过人群时,必须"保护"犯人免遭人群的攻击。对于围观者来说,罪犯既是一个警诫的榜样又是一个攻击的目标,既是一个潜在的威胁又是一个"猎物",而这个"猎物"既是应允给他们的又是禁止他们捕获的。在召集民众来显示其力量时,君主能够暂时容忍暴烈行动,他将此视为忠诚的表示,但他又用自己的特权严格地限制这种行动。

于是就出现了这样一种情况:民众被召来观看旨在恫吓他们的场面,而他们则可能表现出对惩罚权力的拒斥,有时会出现暴乱。阻止不公正的处决,从刽子手手中抢走犯人,用暴力争取对犯人的赦免,追打刽子手,辱骂法官和喧闹公庭、反对判决——所有这些构成了民众干预、指责并往往破坏了公开处决仪式的实践。当然,这种情况往往发生在因暴动而被判死刑的犯人案件中。在著名的劫持儿童案件中就出现了骚动。三名所谓的暴乱者被预定吊死在圣-让公墓,"因为那里只需要较少的人来把守入口和警戒游行队伍"。群众想阻止处决的执行。惊慌失措的刽子手砍死了一个犯人,弓箭手乱箭四射。在1775年的粮食风潮之后,1786年做散工的工人进军凡尔赛,试图解救被捕的同伴时,都一再出现这种情况。在这些例子中,骚动早已触发,而且不是针对刑事司法的某些措施。此外,还有许多例子显示,骚动是由某项法令或某次处决直接触发的,即

"断头台周围的骚乱",规模虽小,但频频发生。

就其基本形式而言,这些骚乱始于人群对即将处决的犯人发出的鼓励呼喊,有时是喝彩。在整个游街过程中,犯人得到"温顺善良者的同情和冷酷无畏之徒的鼓掌、赞扬和羡慕。"当民众聚在断头台周围时,他们不仅为了目睹犯人的痛苦和激起刽子手的热血,而且是为了听到一个已一无所有的人咒骂法官、法律、政府和宗教。在公开处决时,犯人将受到人间最严厉的惩罚,因此允许他们有片刻的恣意胡为。有了"即将处死"这个保护伞,罪犯就可以任意说话,而围观的人群则给以喝彩。"如果史籍精心记录受酷刑和被处决的人的临终话语,如果有人有勇气读完这种记录,甚至如果有人仅仅对那些出于残忍的好奇心而聚在行刑台周围的卑劣民众产生疑问的话,那么他将获悉,凡死于轮刑的人没有不因使他犯罪的苦难而诅咒上天、咒骂法官的野蛮、诅咒身边的牧师、亵渎造就他的上帝的。"这些处决仪式本来只应显示君主的威慑力量,却有一个狂欢节的侧面:法律被颠覆,权威受嘲弄,罪犯变成英雄,荣辱颠倒。与犯人的眼泪和呼喊一样,鼓励也只会引起对法律的冒犯。菲尔丁略带遗憾地指出:"将死亡观念与耻辱观念结合,并不像想象的那么容易。……我要问目睹过一次处决或处决前的游行的人,请他告诉我,当他看到一个可怜的人被缚在车上,处于生死边缘,因即将降临的命运而面色惨白、浑身战栗时,他可曾产生耻辱的观念?如果犯人是一个无所畏惧的无赖,那么他在此刻的光荣,很少会使观看者产生这种情绪。"对于在场观看的民众来说,即使君主采取最极端的报复,也总是有一种为犯人报仇的借口。

当民众认为判决不公时,或者当人们看到平民因有点理由的犯罪而被处死,而出身高贵或富有者犯同样的罪行则可能受到较轻的刑罚时,尤其会产生上述情况。在18世纪或稍晚些,某些刑事司法实践似乎已不再得到下层民众的支持。这一点有助于解释为什么处决犯人很容易导致社会骚动。有一名司法长官注意到,因为最穷苦人的声音不能在法庭上表达,因此在公开显示法律、将穷人召来作为目击者和法律的助手的地方,穷人会强行干预:凭借暴力介入惩罚机制并重新安排其效应,在另外一种意义上接纳惩罚仪式的暴力。当时出现了反对刑罚中的社会阶级差别的骚动。1781年,尚普雷的教区神父被该地庄园主杀死。当局试图宣布凶手精神失常。"农民对这位神父极其拥戴,因此群情激愤,开始似乎打算对老爷下毒手并焚烧城堡。……人人表示抗议,反对大臣剥夺司法机关对这种十恶不赦的罪行行使惩罚手段,宽宥凶手。"有的骚动是反对对某些常见的违法行为(如侵入民宅)做出过重的判决,或反对对某些因社会所迫而犯的罪行(如偷窃)所使用的惩罚方式。对这类犯罪使用的死刑引起很大的不满,因为在一个家庭中有许多仆人,在发生这类事情时,他们很难证明自己的清白,因为他们很容易成为主人泄愤的牺牲品,因为某些主人纵容这种行为,这就使被指控、定罪和送上绞刑架的仆人受到更不公正的待遇。处决这类仆人时往往招致抗议。1761年在巴黎发生一次小骚乱,起因于对一个偷窃主人一块布料的女仆的同情。尽管这个女仆认了罪,归还了布料并请求宽恕,但主人拒绝撤回自己的起诉。在处决那天,当地民众阻止绞刑,洗劫这个商人的店铺。结果,女仆获得赦免,但有一个用针扎那个恶毒主人而未遂的女人被流放三年。

人们都记得18世纪的一些重大案件,当时开明的思想通过"哲学家"和某些司法长官对这些案件进行干预，如卡拉案件、希尔万案件和拉巴尔骑士案件。但是人们很少注意惩罚实践所引起的民众骚乱。诚然，它们很少超出一个城镇甚至一个区的范围。但是它们具有很实际的重要意义。有时这些起源于底层的运动波及上层或吸引了较高地位的人的注意，后者利用它们，赋予它们新的因素（如在大革命前夕，1785年，被错判犯忤逆罪的卡特琳·埃斯皮纳的案件，1786年迪帕蒂[1]在著名的回忆录中记载的肖蒙3名被判轮刑的犯人的案件，1782年卢昂法院以放毒罪判处火刑的玛丽·弗朗索瓦斯·萨尔蒙的案件——但该犯直到1786年尚未被处决）。更常见的是，这些骚动针对着本应成为一种警诫的刑事司法及其表现，形成一种持久的动乱。为了保证刑场的秩序，不是常常要采取"令民众痛苦""令当局难堪"的步骤吗？很显然，惩罚大展示是冒着被民众拒斥的风险的。事实上，公开处决的恐怖造成许多非法活动的中心。在处决日，工作停顿，酒馆爆满，当局受到谩骂，刽子手、警卫和士兵受到侮辱和石块的袭击。出现各种抢劫犯人的企图，有的是要救

---

1. 迪帕蒂（Dupaty，1746—1788年），法国司法官。

他，有的则是为了更确实地杀死他。斗殴时有发生，刑场的好奇围观者是小偷最好的目标（哈第列举了诸如治安长官家中被盗的重大案件）。最重要的，也是这些不利之处为何具有政治危险性的原因是，民众在展示罪恶的恐怖和无敌的权力的仪式中感到自己比任何时候都更接近那些受到刑罚的人，而且与那些人一样，民众感到自己比任何时候都更严重地受到不受限制的合法暴力的威胁。整整一批居民经常表现出与我们可称之为轻微犯法者——流浪汉、奸猾的乞丐、二流子、小偷、窝赃人和赃物交易人——的团结一致：抗拒警察的搜索，制裁告密者，袭击能够提供有关证据的监视者。因此，打破这种团结便成为当局运用司法和治安镇压手段的目的之一。但是，通过公开处决的仪式，通过那种在瞬间便出现暴力方向逆转的不确定的节日，这种团结比君主权力更容易获得新的、更大的力量。18世纪和19世纪的改革者不会忘记，实际上，作为最后手段的公开处决并不能吓倒民众。他们发出的最初呐喊之一就是要求废除这种手段。

为了阐明由民众干预公开处决所造成的政治问题，我们仅需要举出两个例子。第一个是17世纪末发生在阿维农的事例。这次处决包含着恐怖戏剧的所有基本要素：刽子手与犯人之间的体力较量，决斗的形势逆转，民众追打刽子手，继之而起的暴动和刑罚机制的急遽变化拯救了犯人。被判处绞刑的凶手名叫彼埃尔·迪·福尔。他的腿行动不便，在"上台阶时几次绊倒"。"看到这种情况，刽子手便用自己的短上衣蒙住他的脸，刺他的小腿、下腹和前胸。当民众看到刽子手给犯人造成了过度的痛苦，甚至认为刽子手要用刺刀来杀死犯人时，……对受刑者的同情和对刽子手的愤慨便油然而生。当刽子手撤掉两个梯子，把受刑者摔倒，压着他的胳膊踢他时，当这个刽子手的妻子在绞刑架下拉犯人的脚时，犯人嘴里流出鲜血，民众纷纷向行刑台掷石块。石块如雨点般飞来，愈来愈密集。甚至有一块砸到被吊起的犯人的头部。刽子手急忙跑向梯子。他下梯子时太匆忙，结果从梯子上跌下来，梯子倒下，砸到他的头部。当一伙人围打他时，他站起来，手持刺刀，威胁说，谁敢靠近他，他就杀死谁。他又跌倒了几次，终于站起来，他只能听任殴打，在泥地里翻滚，差点儿被人淹死在小河里。后来他被激愤的人群拖到大学和科德利埃公墓。他的仆人也遭到毒打，遍体鳞伤，送到医院几天后就死了。与此同时，有些姓名不详的人爬上梯子，砍断绳索，而另一些人则从下面抱住被吊起的犯人。犯人吊在那里的时间已经比念完《上帝怜我》还要长了。然后，人群捣毁了绞刑架和刽子手用的梯子。……孩子们把拆散的绞刑架抬走，抛进罗纳河。"犯人被送到一个公墓，"为的是使他不再受到法律的追究和将他从那里送到圣安东尼教堂"。主教宣布赦免他的罪，并让人把他送进医院，要求医院给予他特殊护理。最后，记述者说"我们给他做了一套新衣、两双袜子和两双鞋。我们给他从头到脚换了一身新装。我们的同伙还送给他衬衫、裤子和一套假发"（这类情况在19世纪仍时有发生）。

第二个事例发生在一个世纪后的巴黎，准确地说，是在粮食暴动后不久的1775年。由于民众的气氛非常紧张，当局唯恐处决犯人时受到干扰。在行刑台与民众之间，站立着两排负责警卫的士兵，使二者保持较大的距离。一排士兵面向即将开始的处决场面，另一排面向民众，以防暴动。民众与处决的直接联系打破了，虽然这是一次公开处决，但是其中展示的因素被消除了，更确切地说，被简化成抽象的恫吓。司法正义是在武力保护下，在一个空旷的场地上悄悄地完成其工作。如果说它展示了它所带来的死亡，那么这是在又高又远的地方发生的："为了发挥警诫作用，两个绞刑架都有18英尺高。这两个绞刑架直到午后三点钟才架设好。从两点开始，格列夫广场和四周的街道都被一队队步兵或骑兵占据。瑞士人和法国人卫兵在毗邻的街道持续巡逻。在处决时，任何人都不得进入格列夫广场。人们所能看到的是两排刺刀出鞘的士兵，他们背对背站着，一排面向外面，另一排面向广场。两个犯人……一路上呼喊他们无罪，在登上梯子时也不断发出抗议的呼喊。"在废弃公开处决的仪式这一问题，无论人们对犯人的恻隐之心起了何种作用，国家权力对这些多义性仪式效果的政治担忧，无疑也是一个因素。

这种模棱两可的态度在"绞刑架前的演讲"中表现得更鲜明。处决仪式在安排上想使犯人宣布自己有罪，其方式是大呼"公开悔罪"，展示一块牌子以及被迫发表声明。此外，在处决之时，他似乎再次有机会说话，但不是宣称自己无辜，而是承认自己的罪行和判决的公正。在编年史上大量地记述这类言辞。但是，它们是真的吗？有些肯定是真的。难道它们不是虚构的，事后为了警世而传播的吗？无疑，更多地属于这种情况。譬如，关于马里昂·勒高夫之死的记载有多少可信度呢？勒高夫是18世纪中期布列塔尼一个著名的强盗头。据说她在行刑台上大喊："做父亲的和做母亲的人们，你们听我讲，注意你们的孩子，好好教育他们。我从小就爱撒谎，专做坏事。我是从偷一把六分钱的小刀开始变坏的，……后来我就抢劫小贩和牲畜贩，最后我成为一个强盗头。因此我落到这个下场。把这些都讲给你们的孩子听，让他们以我为戒。"这种讲演甚至在语调上都近似于传统警世小册子宣传的道德，很难说不是虚构的。但是"犯人遗言"的存在本身就意味深长。法律要求它的牺牲者在某种意义上证明其受到的酷刑的正当性。罪犯应该通过宣布自己罪行的邪恶来向惩罚自我献祭。他必须像三个凶杀案的罪犯让-多米尼克·朗格拉德那样宣称："请大家听一听我在阿维农城犯下的可怕、可耻、可悲的罪行。阿维农城的人们提到我就感到厌恶，因为我毫无人性地亵渎了神圣的友爱风俗。"在某种意义上，传单和死者遗言是这种仪式的余绪。或者更确切地说，它们追随一种机制，即公开处决能够将审讯程序中秘密获得的书面案情转移到罪犯的肉体、姿态和言论上的那种机制。司法正义需要这些逸闻传说，使自己具有真理的依据。因此，司法判决就被这些死后"证据"笼罩着。有时，在审判之前，也有些关于犯罪案情和罪犯劣迹的记述报道作为宣传品刊行，目的在于对人们怀疑过于宽容的法庭施加压力。为了打击走私，"农场协会"发布"简报"，报道走私者的罪行。1768年，它散发传单，揭露一个叫蒙塔涅的盗贼头目。传单作者写道："有些尚未搞清的窃案据认为是他干的。……蒙塔涅被人们说成是一头野兽，一个阴险残忍的家伙，对他必须穷追不舍。奥弗涅（地区）某些性急的人也坚持这种看法。"

但是这类文献的影响，如同对这类文献的使用一样，都是模棱两可的。犯人发现，由于对他的罪行的广泛宣传，有时由于对他事后悔罪的认可，他变成一个英雄。在反对法律，反对富人、权势者、官吏、警察和巡逻队方面，在抗交捐税、反对收税人方面，他似乎是在从事着人们很容易认同的斗争。公布罪行的做法将日常生活中不引人注目的微小抗争变成了英雄史诗。如果犯人公开悔罪，承认指控和判决，要求上帝和世人原谅他的罪过，那么他就好像是经历了一种涤罪程序，以独特的方式，像圣徒一般死去。英勇不屈则是获得荣耀的另一种方式。如果他在酷刑之下毫不屈服，他就证明了自己具有任何权力都无法征服的力量："人们可能不会相信，在处决那天，我在当众认罪时镇定自若，当我最后躺在十字架上时我毫无惧色。"（1768年4月12日在阿维农被处决的朗格拉德的申诉）传单、小册子、史书和冒险故事所描述的罪犯就是这种黑道英雄或认罪的罪犯、正义或不可征服的力量的捍卫者，在把他们当作反例的警世道德说教的背后隐藏着关于冲突和斗争的完整记忆。一个罪犯死后能够成为一种圣人，他的事迹成为美谈，他的坟墓受到敬仰。（1740年前后在布列塔尼被处决的坦圭便是一例。诚然，在被判刑以前，他已在忏悔牧师的指示下开始长时间的忏悔。但是，这是民事司法与宗教忏悔之间的冲突吗？）罪犯几乎完全变成了正面英雄，对这些人来说，荣辱皆备于一身，不过是以一种相反的形象结合在一起。或许，我们在考察这种围绕着少数典型形象繁衍出来的犯罪文献时,既不应把它们看成一种自发的"民心表达",也不应把它们看成来自上面的宣传和教化计划。它们是对待刑罚实践的两种介入方式的汇合点,是围绕着犯罪、惩罚和关于犯罪的记忆的战场。这些报道之所以被允许刊印和流传,那是因为希望它们能具有一种思想控制的效果。这些历书、传单的印刷和散发原则上是受到严格控制的。但是,这些关于常人历史的真实故事之所以受到热烈欢迎,它们之所以成为下层阶级基本读物的一部分,那是因为民众在这些故事中不仅发现了往事,而且找到了先例。这种"好奇心"也是一种政治兴趣。因此,这些文本可以被当作双关话语来读解,不论是它们所叙述的事实,还是它们赋予这些事实的效果,或是它们赋予那些"杰出的"罪犯的荣耀,更无须说它们所使用的词句,都是如此。(人们应该研究诸如《关于吉莱里及其同伙的生平、大劫案和骗局及悲惨下场的历史》这种记述中所使用的"不幸""可憎"之类的概念以及"著名的""令人痛心的"之类的形容词。)

或许,我们应该将这类文献与"断头台周围的骚动"加以比较。在后者中，宣判权力通过罪犯的受刑身体与民众相冲突，民众不仅是处决的目击者、参与者，也可能是间接的受害者。在一次不能充分体现力图仪式化的权力关系的仪式后，会出现一大批继续这种冲突的话语。罪犯死后的罪状公告既肯定了司法正义，也提高了罪犯的声誉。这就是为什么刑法制度的改革者们急切要求查禁警世宣传品的原因。这也是为什么民众对那些在某种程度上成为关于非法活动的民间传说的东西兴趣盎然的原因。这也是为什么当民间非法活动的政治功能变化后，这些警世宣传品失去意义的原因。

当新的犯罪文学发展起来后，它们就消失了。在新的文学中犯罪受到赞美。犯罪文学的发展，是因为它们是一种艺术，因为它们完全是特殊性质的作品，因为它们揭露了强者和权势者的狰狞面目，因为邪恶也成为另一种特权方式。从冒险故事到德·昆西[1]，从《奥特兰托城堡》[2]到波德莱尔，有一

---

1. 德·昆西（de Quincey，1785—1859年），英国散文作家和评论家，以《一个英国瘾君子的自白》闻名。
2. 《奥特兰托城堡》（*Castle of Otranto*）是英国作家沃尔波尔（H. Walpole，1717—1797年）所写的中世纪恐怖故事。

系列关于犯罪的艺术改写。这也是用受欢迎的形式来占有犯罪。表面上，这是对犯罪的美与崇高的发现。而实际上，这是在肯定，崇高者也有犯罪的权利，犯罪甚至成为真正崇高者的独占特权。重大的谋杀不属于那些偷鸡摸狗之流。自加博里欧[1]以来，犯罪文学也追随着这第一次变化：这种文学所表现的罪犯狡诈、机警、诡计多端，因而不留痕迹，不引人怀疑；而凶手与侦探二者之间的纯粹斗智则构成冲突的基本形式。关于罪犯生活与罪行的记述、关于罪犯承认罪行及处决的酷刑的细致描述已经时过境迁，离我们太远了。我们的兴趣已经从展示事实和公开忏悔转移到逐步破案的过程，从处决转移到侦察，从体力较量转移到罪犯与侦查员之间的斗智。由于一种犯罪文学的诞生，不仅那种警世宣传品消失了，而且那种山林盗匪的光荣及其经受酷刑和处决的磨难而变成英雄的荣耀也随之消失了。此时，普通人已不可能成为复杂案情的主角。在这种新型的文学样式中，不再有民间英雄，也不再有盛大的处决场面。罪犯当然是邪恶之徒，但也是才智

---

1. 加博里欧（Gaboriau，1832/1833—1873年），法国小说家，有"侦探小说之父"之称。

出众之人。虽然他受到惩罚,但他不必受苦。犯罪文学把以罪犯为中心的奇观转移到另一个社会阶级身上。与此同时,报纸承担起详细描述日常犯罪和惩罚的毫无光彩的细节的任务。分裂完成了,民众被剥夺了往昔因犯罪而产生的自豪,重大凶杀案变成了举止高雅者不动声色的游戏。

图书在版编目(CIP)数据

身体与酷刑 /(法)米歇尔·福柯著;刘北成,杨远婴译.—北京:商务印书馆,2023
(伟大的思想. 第一辑)
ISBN 978-7-100-22297-6

Ⅰ.①身… Ⅱ.①米… ②刘… ③杨… Ⅲ.①哲学理论—法国—现代 Ⅳ.①B565.59

中国国家版本馆 CIP 数据核字(2023)第061945号

权利保留,侵权必究。

伟大的思想 第一辑
身 体 与 酷 刑
〔法〕米歇尔·福柯 著
刘北成 杨远婴 译

商 务 印 书 馆 出 版
(北京王府井大街36号 邮政编码 100710)
商 务 印 书 馆 发 行
山东临沂新华印刷物流
集团有限责任公司印刷
ISBN 978-7-100-22297-6

2023年9月第1版	开本 787×1092 1/32
2023年9月第1次印刷	印张 46¾

定价:260.00元(全十册)